U0574881

The Blue Book on the Development of
Equipment Industry in China (2017-2018)

2017-2018年
中国装备工业发展
蓝皮书

中国电子信息产业发展研究院　编著

主　编／王　鹏

副主编／左世全　卢月品

人民出版社

责任编辑：邵永忠
封面设计：黄桂月
责任校对：吕　飞

图书在版编目（CIP）数据

2017－2018 年中国装备工业发展蓝皮书／中国电子信息产业发展研究院
　编著；王鹏 主编．—北京：人民出版社，2018.9
ISBN 978－7－01－019817－0

Ⅰ.①2… Ⅱ.①中… ②王… Ⅲ.①装备制造业—工业发展—研究报告—中
　国—2017－2018　Ⅳ.①F426.4

中国版本图书馆 CIP 数据核字（2018）第 216896 号

2017－2018 年中国装备工业发展蓝皮书

2017－2018 NIAN ZHONGGUO ZHUANGBEI GONGYE FAZHAN LANPISHU

中国电子信息产业发展研究院 编著

王　鹏 主编

人民出版社 出版发行

（100706　北京市东城区隆福寺街 99 号）

北京市燕鑫印刷有限公司印刷　新华书店经销

2018 年 9 月第 1 版　2018 年 9 月北京第 1 次印刷

开本：710 毫米×1000 毫米 1/16　印张：16.25

字数：260 千字　印数：0,001—2,000

ISBN 978－7－01－019817－0　定价：65.00 元

邮购地址　100706　北京市东城区隆福寺街 99 号
人民东方图书销售中心　电话（010）65250042　65289539

前　言

　　装备工业是为国民经济发展和国防建设提供技术装备的基础性产业，是制造业的核心和脊梁，是各行业产业升级、技术进步的重要保障，是国家综合实力和技术水平的集中体现。装备制造业是建设制造强国的重中之重，是供给侧结构性改革和科技创新的主战场，对于加快我国工业现代化建设，到2025年从制造大国迈入制造强国行列具有重要意义。改革开放以来，我国装备工业的发展明显加快，建立了门类齐全、独立完整的产业体系，产业规模居全球首位，占全球总量的三分之一。同时，我国重大技术装备自主化水平显著提高，高端装备创新发展取得一批标志性成果，如"蓝鲸1号"在南海成功试采可燃冰，C919大型客机、AG600水陆两栖飞机成功首飞等。

一

　　当前，我国装备工业发展的内外部环境正在发生深刻变化，不仅为我国加快缩小差距并实现赶超创造了历史性的机遇，也为我国利用全球要素资源、加快培育国际竞争新优势创造了有利条件。

　　第一，智能制造等先进制造方式已成为重要方向。智能制造等先进制造方式正成为装备制造企业提升效率、提高产能、增强企业竞争力的重要手段。众多装备制造企业已经开始挖掘智能制造的潜力，部分企业产能和质量提升达到20%左右。西门子德国安贝格智能工厂所拥有的机器和计算机能够自行处理价值链上75%的工作，该工厂每年生产1200万件产品的西门子Simatic生产线，合格率达到99.99885%。通用电气公司位于格罗夫城的"卓越工厂"已将计划外停机时间减少10%—20%，改进了周期时间并降低了成本。

　　第二，平台化成为发展新特点。工业互联网平台是面向制造业数字化、网络化、智能化需求，构建基于海量数据采集、汇聚、分析和服务体系，支撑制造资源泛在连接、弹性供给、高效配置的载体，其核心要素包括数据采集体系、工业 PaaS 和应用服务体系。当前，随着信息技术的发展和应用，全球制造企业纷纷重视工业互联网平台的基础性、战略性作用，推出一系列工业互联网平台产品，构筑起基于平台的制造业新生态。

第三，网络协同创新正成为主流创新方式。装备制造业的创新目标主要是通过利用智能化、自动化技术提升人机互动的效率，载体是智能工厂和智能车间。随着信息技术尤其是互联网技术的持续发展和应用，跨领域、协同化、网络化的创新平台正在重组传统的装备制造业创新体系，装备制造业正从单个企业创新向跨领域多主体的协同创新转变。在 C919 大飞机项目中，商飞公司统筹全国乃至全球资源，涉及全国 20 多个省市的 200 多家企业及 20 多所高校参与项目研制，同时还择优选择十几家国际著名航空发动机、机载设备及关键系统和部件制造企业作为大飞机供应商。

第四，全球装备制造业格局将面临深度调整。制造的智能化将或多或少从集中走向分化，这要求对社会技术体系进行全新设计，将人充分地融入到全新的网络化生产中。数字化融合趋势将改变全球生产格局，美国希望将数字创新带入制造以重振制造业，德国希望通过技术和经济融合占领工程高地，日韩希望在智能工厂和大型制造上有所突破。全球各大跨国公司系统性地利用智能制造技术，推动自身和本行业的产品、服务乃至业务模式转型，进而引领整个行业发展。

综上所述，世界经济竞争格局正在发生深刻变革和调整，我国装备工业发展的内在动力、比较优势和外部环境正在发生深刻变化，必须牢牢把握科学发展这个主题，遵循装备工业发展的客观规律，适应市场需求变化，根据科技进步新趋势，提高装备工业发展质量和效益，构建国际竞争新优势。

二

虽然我国已成为装备制造业大国，但还不是装备制造业强国，与先进国家相比还有较大差距，主要表现在：

一是市场需求低迷仍未明显改观。传统能源、原材料行业由于产能过剩问题而持续处于化解产能过程中，进而导致相关的机械设备新建投资订货明显不足，其中包括石油天然气装备、冶炼设备、发电设备、重型矿山机械等行业，但不同行业、不同企业情况差异较大。如重机行业开工率下降，企业多数单班生产，大型热加工车间存在开开停停，大型骨干企业生产、订货下滑严重，2018 年需求仍呈现低迷状态，船舶行业总体上依然困难，但受益于"一带一路"建设的发展，工程机械部分产品将呈现增长态势。

二是自主创新能力薄弱。长期以来，我国装备制造业自主创新能力不强、高技术欠缺的问题一直存在并将持续存在一段时间。目前，我国多数装备制造企业仍处于跟踪模仿阶段，部分所谓进行"自主创新"的企业也仅仅是基于发达国家的技术平台从事应用创新，重大的理论创新较少，自主创新能力亟待提高。我国以企业为主体、以市场为导向的制造业创新体系还不健全，在扶持政策、激励机制、服务体系、社会环境等方面仍存在一些制约创新的弊端，尚未形成跨学科、跨领域的"用产学研金政一体化"协同创新的生态体系。

三是基础支撑配套能力不足。制约我国装备工业高端化的重要因素在于基础支撑能力不足。首先是我国装备工业领域的高技术人才严重匮乏，导致装备工业领域的研究滞后，研究能力严重不足。其次是基础材料不过关。相当部分的材料，虽然关键技术已取得突破，可以生产，但品质较低，质量不稳定，不能完全满足发展需求。再次是基础技术、基础工艺和基础部件发展滞后。以智能制造为例，我国智能制造标准规范体系尚不完善，工业软件综合实力较弱，工业互联网基础设施亟待完善。

四是高端产业低端化隐忧显现。《中国制造 2025》的发布实施，有效推动新能源汽车、工业机器人、增材制造装备、无人机等新兴领域的快速发展，但这些新兴领域尚处于起步阶段，存在着企业规模小且分散、关键技术缺乏、行业竞争力弱等问题，支撑装备工业发展的新动能亟待加快培育。

五是企业融资压力不断加大。随着宏观经济增长放缓，实体经济产能过剩压缩盈利能力和现金流，装备企业融资压力不断增加。虽然 2017 年央行已多次降准、降息，但银行惜贷与部分企业不愿贷并存，诸多行业普遍反映的融资难、贷款成本高、制造商担保融资负担重等问题较为突出。

六是投资持续低迷。2017 年 1—4 月，全国装备工业累计完成固定资产投资 12559.1 亿元，同比仅增长 2.15%，分别比上年同期投资（9.25%）、同期全社会投资（8.9%）和制造业投资（4.9%）低7.1、6.75和2.75个百分点。固定资产投资增速在连续回落之后仍然在低位震荡徘徊，装备工业增长后劲不容乐观。据中机联的统计数据，2017年1—7月机械工业固定资产投资实际到位资金26574.05亿元，同比下降3.72%，较上年同期降幅加深3.23个百分点。

七是智能制造关键技术装备和软件受制于人。近几年，我国智能制造核心装备和工业软件取得重要突破，但与发达国家相比，我国高档数控机床与工业机器人、增材制造装备、智能传感与控制装备、智能检测与装配装备、智能物流与仓储装备等关键技术装备仍比较薄弱，数字化设计与制造等关键核心技术亟待提升，制约着我国智能制造的发展。目前，国内工业机器人市场超过60%由外资品牌把持，90%的高档数控系统、高性能传感器和85%以上的可编程逻辑控制器PLC依赖进口。

三

基于对上述经济和社会发展中一些重大问题的思考，赛迪智库装备工业研究所编撰了《2017—2018年中国装备工业发展蓝皮书》。本书系统剖析了我国装备工业发展的成就与问题，总结归纳了全球装备工业发展趋势，并结合当前国内外经济形势，深入探讨了我国装备工业发展的趋势。全书分为综合篇、行业篇、区域篇、园区篇、企业篇、政策篇、热点篇、展望篇，共八个部分。

综合篇，从全球角度分析了2017年世界装备工业的总体发展现状、发展趋势以及主要国家和地区的进展与成就，对2017年中国装备工业发展状况、存在的问题进行了专题分析。

行业篇，对我国2017年机械工业、汽车行业、航空工业、船舶工业等领域进行专题分析，研究探讨了各自领域整体发展状况、细分行业发展状况以及行业发展面临的问题。

区域篇，分别对东、中、西部地区总体及重点省份与城市2017年装备工业发展情况、发展特点、发展经验等进行了深入探讨与总结。

园区篇，选择有代表性的各重点行业新型工业化产业示范基地，就其

2017 年发展整体情况进行分析，总结归纳各园区发展的基本经验。

企业篇，以机械、汽车、航空、船舶等领域成长较快、发展较好且具有一定代表性的企业为对象，详细剖析各企业的发展情况、生产经营情况和经营发展战略。

政策篇，深入分析我国装备工业 2017 年发展的政策环境，重点解析装备工业领域发布的重大产业政策、意见、计划和方案。

热点篇，选取行业热点，就智能制造试点示范专项、下一代汽车计算平台、民用无人机发展与管理、中国增材制造大会、豪华邮轮国产化、机器人制造正式独立分类等问题展开详细论述。

展望篇，对国内外行业研究机构预测性观点进行综述，并对 2018 年我国装备工业总体形势及各细分行业的发展趋势进行了展望。

加快装备工业转型升级、建设制造强国是一项长期、艰巨的任务。在当前经济转型的背景下，装备工业面临着千载难逢的机遇和前所未有的挑战，既需珍惜实践中取得的来之不易的成果和经验，也要正视发展中积累的不容忽视的矛盾和问题，更当以百折不挠的意志和兼容并包的智慧推动装备工业的转型升级。我们坚信，深入贯彻党的十九大精神，全面实施《中国制造2025》，按照"创新驱动、高端引领、智能转型、基础支撑"的总体思路，加快供给侧结构性改革，坚定信心、攻坚克难、开拓前进，就一定能开创我国装备工业由大变强的新局面。

目 录

区　域　篇

园　区　篇

热　点　篇

展　望　篇

综合篇

第一章　2017 年全球装备工业发展状况

2017 年全球制造业曙色渐显，尤其是中高端制造业表现抢眼。如机器人产业，在世界各国战略规划的推动下，市场规模继续保持高速增长，发展势头良好；增材制造产业规模 2017 年达到近 100 亿美元；全球新能源汽车产业蓬勃发展，产销量实现快速增长；新船成交量大幅反弹，大部分船型交付情况明显好转。在智能制造和技术发展方面，美、德、日等发达国家继续引领创新，大力推进人工智能和机器人、先进增材制造装备、工业物联网等相关项目的研发。2018 年，产业的发展将会呈现四大发展趋势：从生产方式看，智能制造等先进制造方式已成为重要方向；从发展模式看，平台化成为发展新特点；从创新方式看，网络协同创新正成为主流创新方式；从发展格局看，全球装备制造业格局将面临深度调整。

第一节　产业现状

一、全球产业发展增速明显

世界经济在经过十余年的底部徘徊，得益于全球总需求改善以及新兴经济体和发展中国家的强劲增长，2017 年迎来逐步向好局面并带动全球制造业回暖，尤其是中高端制造业表现抢眼。

我国在世界制造业变局大背景下顺势崛起，成为激发制造业发展活力的关键力量。美国和日本作为世界上第二和第三大制造大国，制造业产出实现较快增长。同时，拉美经济体制造业增长趋势有所改善，发展中国家和新兴经济体维持较高的制造业增长率。联合国工业发展组织数据显示，2017 年全球制造业增速明显，三季度增速达到 4.5%，为过去 5 年的最高值。从细分领域看，中高端制造业表现可圈可点，技术的进步和行业智能化趋势正在促进世界制造业总产量增长。其中表现最为抢眼的是以自动化、机器人和数字产品为代表的中高端制造业，三季度增速高达 6%。

二、细分行业领域可圈可点

（一）机器人产业发展势头良好

世界工业大国纷纷提出机器人产业政策，如德国"工业 4.0"、日本机器人新战略、美国先进制造伙伴计划、《中国制造 2025》等国家级政策，皆将机器人产业发展作为重要内涵，促使机器人产业向智能化、网络化和人机互动的方向转型升级。根据国际机器人联合会（IFR）预计，2017 年，全球工业机器人销量较 2016 年增加 15%—17% 左右，国内工业机器人增速达 30%。2018 年中国工业机器人市场销量有望超越 15 万台，将继续成为全球市场最强劲的驱动力。另外，智能服务机器人应用场景和服务模式不断丰富，带动全球服务机器人销量稳步增长，服务机器人产业快速兴起。国际机器人联合会（IFR）的数据显示，2017 年全球服务机器人市场预计达 29 亿美元，2020 年将快速增长至 69 亿美元，平均增速达 27.9%。其中，全球医疗服务机器人、家用服务机器人和专用服务机器人市场规模预计分别为 16.2 亿美元、7.8 亿美元与 5 亿美元。

（二）增材制造产业增长势头强劲

随着全球范围内新一轮科技革命与产业革命的兴起，世界各国纷纷将增材制造作为未来产业发展新增长点，推动增材制造技术与信息网络技术、新材料技术、新设计理念的加速融合，全球增材制造产业迎来发展机遇期。Wohlers Associates 对全球 64 家工业系统制造商、19 家专用材料生产商、92 家服务提供商以及一批消费级增材制造设备制造商的统计数据显示，2017 年全球增材制造产业产值达到 73.36 亿美元，同比增长 21%。根据国际数据公司（IDC）最新报告，全球 3D 打印技术相关支出在 2018 年预计将达到 120 亿美元，比 2017 年支出增长 19.9%。IDC 同时还给出了未来三年的增长预期——到 2021 年，全球 3D 打印行业的支出将达到 200 亿美元，五年复合增长率

（CAGR）达到20.5%。未来，全球增材制造产业规模将呈现爆发性增长，发展潜力巨大。

（三）新能源汽车成为发力重点

2017年，全球新能源汽车产业蓬勃发展，各大车企均已把新能源列入企业发展的既定战略。在德系豪华品牌新能源大战中，宝马集团处于领跑地位。2017年，宝马完成了年内向全球客户交付10万辆新能源汽车的目标，增长率达到65.6%，占据全球市场份额约10%。在中国市场，宝马已基本完成在新能源生态体系的布局，落成豪华品牌首个动力电池中心，积极推进车用电池的研发、生产和回收工作。通用汽车与本田汽车是燃料电池技术领域的引领者，2017年1月，两家车企在美国密歇根州政府宣布共同投资8500万美元为下一代新能源汽车研发氢燃料电池堆，共同推动新一代新能源汽车的广泛应用。2017年，全球新能源汽车产销量实现快速增长。EV Sales公布的数据显示，得益于美国、欧洲尤其是我国市场的优异表现，2017年12月，全球新能源汽车市场销量创下历史新高，交付量超过17万辆，同比涨幅达到67%。2017年全年销量超过122.3万辆，同比增长58%，促使全球新能源汽车销量在全球汽车销量中的占比超过1%。纵观全球新能源汽车市场发展，中国市场遥遥领先。2017年，中国新能源汽车产业规模持续扩大。全年新能源汽车产量79.4万辆，销量77.7万辆，产量占比达到了汽车总产量的2.7%，连续三年居世界首位。累计保有量达到180万辆，占全球市场保有量50%以上。

（四）新船成交量大幅提升

据英国克拉克松研究公司统计，2017年1—11月，全球新船成交量为6216万DWT，2079万修正总吨（CGT），合计533.5亿美元，比上年同期分别上升115%、78%、54%。中船重工经研中心综合多方数据来源计算，截至2017年11月，全球新船成交已经达到6716万DWT，全年有望突破7000万DWT。造船交付方面，截至2017年11月，全球累计交付1413艘，9364万DWT，3170万CGT，与2016年同期相比，分别下降11.2%、2.7%、4.6%。其中，油船交付3661万DWT，同比上升15.8%；散货船交付3720万DWT，同比下降18.4%；集装箱船交付108万TEU，同比上升25.5%。手持订单方面，截至2017年11月底，全球船企手持订单量共计3036艘，1.87亿DWT，

7483万CGT，同比分别下降22.1%、18.9%、17.0%，环比基本持平。其中，散货船手持订单量为6879万DWT，同比下降22.9%，但环比出现上升，手持订单量占散货船船队的比例为8.4%；油船手持订单量为6564万DWT，同比下降15.4%，手持订单量占油船船队的比例为11.3%；集装箱船手持订单量为3066万DWT，同比下降14.4%，手持订单量占集装箱船船队的比例为13.5%。

三、发达国家继续保持领先

目前，全球都在积极推进新一轮科技革命和制造业发展计划，美、德、日等发达国家在装备制造业领域继续保持领先。各国纷纷出台加速发展以先进制造业为核心的再工业化国家战略，将智能制造作为重振制造业战略的重要抓手。为引领智能制造装备和技术创新，加速制造业智能化转型，美国政府高度重视装备制造业的发展，在战略性和有发展前景的高端产业形成创新机构网络，着力打造世界领先的先进制造研发中心，使美国装备制造业处于全球优势地位。德国是世界领先的制造强国，在技术水平、创新能力上保持领先。作为装备制造业的最强者，德国在智能制造时代的目标是向全球输出"工厂的标准"，将制造业生产模式推广到国际市场，从而继续保持德国工业在世界的领先地位。日本是全球经济最发达、制造业发展水平最高的工业强国之一，制造业技术水平和制造能力处于世界一流行列。日本政府对于未来制造业的愿景，主要是通过"Connected Industries"（互联工业）来体现的。为了实现这一点，2017年，日本在智能制造方面提出一系列举措。日本正在朝着超智能社会——也就是"社会5.0"方向发展，以解决一些迫切性很强的社会问题，包括老龄化、人手不足、社会环境能源制约等。

四、智能制造发展势头迅猛

近年来，伴随着物联网技术的逐渐成熟，在数字化技术、互联网技术的结合下，全球正在发力智能制造。德国的"工业4.0"、美国的工业互联网以及中国的"中国制造2025"等国家战略均指向新的经济增长点——提振制造业。制造业工程技术智能化、生产制造智能化以及生产供应和销售智能化的新模式，将带动智能物流、智能建筑、智能电网、智能移动设备和智能产品领域的快速发展，成为新经济的巨大引擎。当前智能制造呈现以下趋势：

（一）重视使用机器人和柔性生产线

伴随着第四次工业革命的到来以及全球经济一体化的深入，各种新技术新理念层出不穷并广泛应用，客户的要求开始呈现个性化与快速化的特点。而基于柔性制造的大规模个性化定制，为现代制造企业提供了一种有效解决需求多样化和大规模制造之间冲突的全新的竞争模式。同时由于劳动力短缺和用工成本上涨，机器人在生产中的使用开始呈现大规模爆发趋势。同时，利用机器人高精度操作，提高产品品质和作业安全，是市场竞争的取胜之道。以工业机器人为代表的自动化制造装备在生产过程中应用日趋广泛，在汽车、电子设备、奶制品和饮料等行业已大量使用基于工业机器人的自动化生产线。

（二）全球争抢5G系统部署话语权

信息通信系统升级是智能制造中很重要的一环，5G在满足智能工厂多样化需求方面，有着绝对的优势，5G网络可为高度模块化和柔性的生产系统提供多样化高质量的通信保障。和传统无线网络相比，5G网络在低时延、工厂应用的高密度海量连接、可靠性以及网络移动性管理等方面优势凸显，是智能制造的关键使能者。5G带动全产业链升级，全球争抢5G系统部署话语权。为推进5G进程，主要国家相关机构/协会纷纷制定了适用于本国的5G工作计划，代表有美国IEEE协会、日本ARIB、欧盟5GPPP、韩国5GForum以及中国的IMT-2020推进组等。与3G、4G时代的多标准并存不同，5G时代有望实现全球统一标准。目前，中国5G技术商用进展已经与国际同步甚至领先，正谋求5G时代主导权。

（三）人工智能向多领域渗透

人工智能在制造业的融合应用是促进实体经济发展的重点方向，是制造业数字化、网络化、智能化转型发展的关键领域。近年来，各国纷纷采取行动推进人工智能基础性研究及产业实践部署。人工智能技术正在向制造业多个环节广泛渗透，与制造业中的典型软件、系统及平台相集成，形成了一系列融合创新技术、产品与模式。人工智能以三种形态和方式推动和牵引全球经济发展。首先，它创造了一种够解决需要适应性和敏捷性复杂任务的虚拟劳动力，即"智能自动化"；其次，人工智能通过对现有劳动力和实物资产的有力补充，提高了员工能力和资本效率；再次，人工智能的普及，将推动多行业领域的创新，开辟崭新的经济增长空间。据赛迪研究院预计，2018年，全球人工智能市场规模将达到2697.3亿元，增长率达到17%。更多机构数据显示，最近五年，全球人工智能市场规模年均增长率达到15%。

（四）工业物联网促进智能制造发展

实现智能化的一个重要支撑就是以信息通信系统与物理信息系统相结合的智能制造网络——工业物联网。工业物联网即是一个物与互联网服务相互交叉的网络体系，可实时影响所有工业生产设备，实现自发性联通与交流，并自动调整为最优解决方案，从而构建一个具有高度灵活性、个性化、利用最少资源进行最高效率生产的工业生产体系。总的来说，即让工业自动化设备与企业信息化管理系统联动起来，实现工厂的智能化管理。作为制造业智能化的核心部分，工业物联网被称之为智能制造的神经系统。2017年，工业物联网迎来快速发展期，在世界工业化发展两化融合大趋势下，工业物联网的应用在促进智能制造发展上意义重大。

五、技术创新力度不断加大

（一）产品创新：生产装备和产品的数字化智能化

数字化、智能化技术是产品创新和制造技术创新的共性使能技术，并深刻变革制造业的生产模式和产业形态，是新的工业革命的核心技术。这些技术一方面使数字化制造装备得到快速发展，大幅度提升生产系统的性能、功能与自动化程度；另一方面，这些技术的集成进一步形成柔性制造单元、数字化车间乃至数字化工厂，使生产系统的柔性自动化程度不断提高，并向具有信息感知、优化决策、执行控制等功能特征的智能化生产系统方向发展。数字技术、智能技术融入制造过程，大大提高了装备与产品的功能，同时也改变了为用户服务的方式。如在传统的飞机发动机、高速压缩机等旋转机械中心植入小型传感器，可将设备运行状态的信息，通过互联网远程传送到制造商的客户服务中心，实现对设备进行破坏性损伤的预警、寿命的预测、最佳工作状态的监控。

（二）制造过程创新：制造过程的智能化

在产品设计过程中，越来越多的企业采用在虚拟的数字化环境里，利用模拟仿真技术支持的数字化智能化设计系统，协同实现产品的全数字化设计以及结构、性能、功能的模拟仿真与优化，极大地提高了企业全生命周期产品设计质量和一次研发成功率。在制造工艺方面，采用数字化控制和检测技术、智能化的技术，使制造工艺得到优化，极大地提高制造的精度和效率，大幅度提升制造工艺水平。

（三）管理创新：管理信息化

近年来，信息技术的发展带动了管理的创新，企业组织结构、运行方式发生明显变化，呈现扁平化、开放性、柔性的特点。信息技术的应用使得管理系统形成了一个由人、计算机和网络组成的信息系统，可使得传统的金字塔式多层组织结构变成扁平化的组织结构，大大提高了管理效率；信息技术网络将制造商—生产型服务商—客户置于同一个无边界、开放式协同创新平台，代替了传统的内生、封闭、单打独斗式创新；另外，企业可按照用户的需求，通过互联网无缝集成社会资源，重组成一个高效运作的、柔性的企业，以便快速响应市场。

第二节　发展趋势

一、从生产方式看，智能制造等先进制造方式已成为重要方向

智能制造等先进制造方式正成为装备制造企业提升效率，提高产能，增强企业竞争力的重要手段。众多装备制造企业已经开始挖掘智能制造的潜力，部分企业产能和质量提升达到 20% 左右。佛吉亚公司作为全球最大的国际汽车零部件制造商之一，计划凭借智能制造，通过减少废料和改进生产在塑料材料采购上节省 1000 万欧元，期望到 2020 年通过改进业务流程节省 3000 万欧元。

二、从发展模式看，平台化成为发展新特点

工业互联网平台是面向制造业数字化、网络化、智能化需求，构建基于海量数据采集、汇聚、分析和服务体系，支撑制造资源泛在连接、弹性供给、高效配置的载体，其核心要素包括数据采集体系、工业 PaaS、应用服务体系。当前，随着信息技术的发展和应用，全球制造企业纷纷重视工业互联网平台的基础性、战略性作用，推出一系列工业互联网平台产品，构筑起基于平台的制造业新生态。根据国际有关咨询机构统计，目前全球工业互联网平台数量超过 150 个，占物联网平台总数的 32%，是第一大细分平台类型，企业对平台布局明显加快。GE 作为高端装备制造企业，推出针对整个工业领域的基础性系统平台 Predix，应用于工业制造、能源、医疗等各个领域。GE Predix 强调平台的开放性，提供各种框架和 API 接口，并大力发展生态。目前已拥有超过 33000 位开发者、300 个合作伙伴基于 Predix 平台进行应用开发，逐步建立起在工业互联网生态中的影响力。

三、从创新方式看，网络协同创新正成为主流创新方式

装备制造业的创新目标主要是通过利用智能化、自动化技术提升人机互动的效率，载体是智能工厂和智能车间。随着信息技术尤其是互联网技术的持续发展和应用，跨领域、协同化、网络化的创新平台正在重组传统的装备制造业创新体系，装备制造业正从单个企业创新向跨领域多主体的协同创新转变。2017 年 5 月 5 日，中国商飞公司 C919 大飞机首飞成功，实现了国产客机领域的突破。在 C919 大飞机项目中，商飞公司统筹全国乃至全球资源，全国 20 多个省市的 200 多家企业及 20 多所高校参与项目研制，同时还择优选择十几家国际著名航空发动机、机载设备及关键系统和部件制造企业作为大飞机供应商，在多领域展开交流合作，开展网络化协同创新和研发制造，构建全球性、跨领域、多主体的协同创新网络，带动我国民用飞机产业体系的建设和完善。

四、从发展格局看，全球装备制造业格局将面临深度调整

全球装备制造业格局正在重塑之中，抢抓智能制造成关键。制造的智能化将或多或少从集中走向分化，这要求对社会技术体系进行全新设计，将人充分地融入到全新的网络化生产中。数字化融合趋势将改变全球生产格局，美国希望将数字创新带入制造以重振制造业，德国希望通过技术和经济融合占领工程高地，日韩希望在智能工厂和大型制造上有所突破。全球各大跨国公司系统性地利用智能制造技术，推动了自身和本行业的产品、服务乃至业务模式转型，引领着整个行业的发展。如英国航空发动机公司罗尔斯·罗伊斯与微软公司合作，利用后者强大的云计算软件和数据处理能力，推动航空发动机智能化；德国西门子公司的安贝格工厂，贯通信息化物理网络，通过将大多数制造单元接入网络，自动组装零部件，在智能制造领域引领制造业发展。

第三节　主要国家和地区概况

随着新一轮科技革命与产业变革孕育兴起，智能制造正在成为全球制造业变革的重要方向和竞相争夺的制高点。当前，发达国家制造业发展战略都将智能制造作为主攻方向。美国的先进制造伙伴计划、德国的"工业 4.0"，法国的"新工业计划"、日本的"制造业白皮书"和机器人新战略、韩国的"制造业革新 3.0"等均致力于推进信息技术与智能制造技术融合，建设智能制造技术平台和标准，推进智能制造产业化和工程化。

一、美国

随着人工智能和机器人制造技术的飞速发展以及美国制造业回归的推进，美国工业机器人数量将迎来大幅增长。2017 年 1 月 11 日，美国国家科学基金会联合美国国防部、国防部高级研究计划局、空军科学研究办公室、能源部等政府机构发布了《国家机器人计划 2.0》，将在前期《国家机器人计划》的

基础上重点发展协作式机器人。该计划的目标是通过支持基础研究，加快美国在协作型机器人开发和实际应用方面的进程。计划中列出了对实现这一目标具有决定性影响的 6 个主要研究主题，分别是协作、交互、可扩展性、实际体现、降低准入门槛以及社会影响。美国《国家机器人计划 2.0》的发布，将继续推动美国在下一代协作机器人技术及应用方面走在世界前列，并以此助力美国制造业的回归。同年，国防部牵头组建美国先进机器人制造创新中心，聚焦新一代机器人技术，包括协作机器人、机器人控制、灵巧操作、自主导航和机动性、感知、测试和验证等，致力于加快机器人技术在航空航天、汽车、电子和纺织品等制造业领域应用推广。

2017 年 1 月 12 日，美国商务部国家电子信息主管部门发布《促进物联网高速发展绿皮书》（"Green Paper：Fostering the Advancement of the Internet of-Things"），旨在确定有关部门如何促进物联网的发展。绿皮书通过分析物联网发展所带来的利益和挑战，认为美国政府应该继续大力支持物联网发展，并全力构建有利于创新技术发展的环境。美国商务部秘书长 Penny Pritzker 表示，物联网通过提高效率与便利性改变现有情况，来提高工业、消费者、政府的安全性。《促进物联网高速发展绿皮书》明确了政府将为物联网发展创造有利环境，并确定了接下来美国政府将在基础设施、产业政策和联盟、技术标准、市场开拓等主要方面着手，支持物联网高速发展。

2017 年 1 月 13 日，美国交通部（DOT）宣布组建一个新的自动化委员会（Automation Committee），专注于无人驾驶汽车、无人机等自动化技术。新委员会由政府官员、研究人员、企业高管等 25 名成员组成，旨在让业内专家在自动化新兴领域的政策和研究活动方面为美国交通部献计献策。美国交通部自动化委员会的成立，将在推动交通安全方面的技术进步和提高交通技术的经济性、可靠性和有效性等方面发挥至关重要的作用。

特朗普的制造业回归政策正在一步步成为现实。2017 年 3 月 29 日，美国总统特朗普决定成立白宫贸易和制造业政策办公室。7 月 17 日，美国总统特朗普宣布将当天定为"美国制造日"，将 7 月 16 日至 22 日定为"美国制造周"。7 月 21 日，美国总统特朗普颁布行政令，要求美国国防部、商务部、国土安全部、劳工部等十多个部门联合对美国的制造和国防基础及供应链弹性进行评估，行政令要求评估的重点主要有：一是找出事关美国国家安全的军用和民用的关键性原料；二是研究处理上述关键性原料的核心技术和能力；三是分析能够影响、限制、削弱或破坏上述供应链的国防、情报、国土安全、经济、自然、地缘政治等因素；四是评估美国制造业和国防工业基础应对相关风险的能力，并提出应对策略和改进建议。

二、德国

2017 年 1 月 24 日，德国 3D 打印公司 EOS 宣布与奥迪建立发展伙伴关系，EOS 公司将为奥迪全面部署工业 3D 打印技术，并助力奥迪在英戈尔斯塔特建立相应的 3D 打印中心。双方合作的目标不仅在于为奥迪提供合适的增材制造系统和生产流程，同时也致力于在应用开发、内部知识建构，以及培训内部专家方面为奥迪提供咨询服务。随着 3D 打印技术在汽车行业内的蓬勃发展，其在辅助汽车设计和制造方面正在发挥着越来越重要的作用。德国奥迪和德国 3D 打印商 EOS 的紧密合作，对于汽车行业的材料革新和生产过程优化以及产品的开发创新都具有非常重要的意义。

作为全球新能源产业的先行国，德国非常重视以电动汽车为代表的新能源汽车的发展。2017 年 2 月，德联邦交通与数字基础设施部制定了"电子加油站计划"，旨在进一步推动电动汽车的发展。该计划的目标是通过为境内的高速服务站全部配备快速充电桩和电动汽车停车位，在联邦高速公路上布设一个密集的快速充电站网络，以便实现更多的移动出行与更少的尾气排放。"电子加油站计划"是德联邦交通部建设电动汽车充电设施的系列措施之一，其中内容包括"本地电动出行计划"，每年向社区投资约 3000 万欧元，以及新的 3 亿欧元资助计划，到 2020 年建成一个全面覆盖的充电网络，包括 5000 个快速充电桩和 1 万个普通充电桩。电动汽车的持续发展已经成为德国工业面向未来的主题之一，而全面覆盖的充电设施是驱动技术得以突破的关键，"电子加油站计划"的推出更加有力地推动了德国电动汽车产业的快速发展。

针对物联网发展，德国经济与能源部、教育与研究部共同发布《物联网国际标准化共同战略》（"The common strategy on international standardization in field of the Internet of Things/ Industrie 4.0"）和《促进工业物联网的国际合作办法》（"Facilitating International Cooperation for Secure Industrial Internet of

Things Industrie 4.0"），两文件针对物联网的技术标准与国际合作提出了相关规划建议。文件提出，近年来工业物联网（IIoT）在各国逐步发展起来，此前未曾连接甚至不可能连接在一起的设备，现在通过技术发展可以连接在一起，故而增加了安全风险。为了适应工业物联网的发展，应着重提高互联网的应变能力，提高数字经济与互联网经济的安全性。因此，网络安全不再是单一的技术问题，更是一个需要多边合作（政治、经济、学术、社会）才能解决的问题。其中，《物联网国际标准化共同战略》是其与日本经济产业省下属物联网促进联盟会（IoT Acceleration Consortium）共同发布的，旨在针对智能制造与物联网国际合作提出相关标准。德日之间关于物联网领域的合作，将着重推动两国之间智能制造产业协同发展，特别是在技术领域的合作，为制造业智能化发展施加一定助力。

同时，德国联邦交通与数字基础设施部（BMVI）于 2017 年 3 月 7 日公布了一项战略计划，将在未来 8 年投资 1000 亿欧元在德国部署千兆网络，用于支持物联网、虚拟现实等需要更高数据传输速率的技术。该基础设施建设项目将带来先进的技术，包括光纤和 5G 移动标准，创建一个覆盖全国的千兆网络，以满足来自虚拟现实和物联网（IoT）等应用的数据需求。

三、日本

日本政府和企业界高度重视人工智能的发展，在国家层面建立了相对完整的研发促进机制，希望通过创新发展人工智能技术，保持并扩大其在汽车、机器人等领域的技术优势，逐步解决人口老化、劳动力短缺、医疗及养老等一系列社会问题，扎实推进超智能"社会 5.0"建设。2017 年初，日本为推动 AI 技术应用于社会，召开第 4 次人工智能技术战略会议。通过会议制定了人工智能产业化发展路线图，提出推进利用人工智能大幅提高制造业、物流、医疗和护理行业效率的构想。路线图提出 2020 年前后，确立无人工厂、无人农场技术；通过人工智能预知生产设备故障；普及利用人工智能进行药物开发支援。2020 年至 2030 年，实现人员和货物运输配送的完全无人化，推进铁路和卡车等交通工具的无人化。2030 年之后，借助人工智能技术将人为原因的死亡事故降至零；通过人工智能分析潜在意识，可视化"想要的东西"等。

日本政府对物联网技术、标准、发展非常看重。2017 年 3 月 20 日，日本物联网促进联盟会（IoT Acceleration Consortium）与欧盟物联网创新联盟（Alliance for IoT Innovation，AIOTI）签订合作备忘录（Memorandum of Understanding for IoT Cooperation between Japan and the EU Concluded），将从识别和分享良好的实践、共享物联网创新的政策建议、协助与物联网相关的标准化活动、合作解决与物联网解决方案相关的社会挑战、其他双方同意合作的活动等五个主要方面展开合作。

2017 年，日本制造进一步增强全球化的沟通与合作。在 4 月举办的德国汉诺威工业博览会上，已经初步展示了日本工业价值链参考架构（IVRA）与德国"工业 4.0"参考架构（RAMI4.0）相互映射方案。同样在这个展会上，日本工业价值链计划（IVI）与美国工业互联网联盟（IIC）也完成了双方基于测试床的合作，日本 IVI 目前开发的应用，与美国 IIC 进行的试验床案例之间相互提供信息。基于这种合作，双方都可以相互借鉴，俯瞰针对制造业的需求在哪里，采取了什么技术及措施。在此基础之上，还可以预定实施共通的试验床的开发，共同提出架构方案等。

四、韩国

正如全球创新趋势一般，向着新经济模式转变是绝对必要的。韩国政府推动创造经济计划，建立了线上线下平台，推动创造经济的发展。制造部门承担了韩国出口和就业中的很大一部分，因而需要通过整合科学、技术和信息通信技术复兴传统产业，重燃增长引擎。通过启动《制造业创新 3.0 战略》，建立配备了机电一体化技术的智慧工厂，韩国希望在全球市场、创新生产场景和区域产业生态系统中取得稳定的立足点。此外，为了保持韩国在信息通信技术部门的领导地位，在 2020 年前，政府会对物联网、云、大数据和移动（ICBM）领域进行投资，同时努力扩大千兆互联网的普及，加速 5G 服务的商业化，建设世界一流的信息通信技术基础设施。

自动驾驶技术是韩国发展智能制造产业的主攻方向之一，2017 年 5 月，韩国为加速发展自动驾驶技术，建造了一块完全模拟城市路况的自动驾驶汽车试验场地 K – City，并会在 2018 年投入使用。11 月，VelodyneLiDAR 公司与韩国 Unmanned Solution（UMS）开展合作，将其先进的激光雷达传感器融入到 UMS 旗下的自动驾驶技术研发项目中。UMS 自动驾驶项目涉及各类活动，包括上路行驶的车辆、农业设备、机器人及自动化系统集成。此外，还包括指导性平台的研发，为学习自动驾驶及机器人技术的学生们提供教育培训项目。该公司在韩国部署了 100 多辆自动驾驶车辆，未来还将继续增配车辆。

近年来，增材制造被认为是制造业革新的关键技术，其可以通过改变供应链来开辟新的市场。虽然韩国由于入局较晚，目前还处于增材制造的初级阶段，但韩国政府对增材制造的支持可谓不遗余力。韩国政府在第八届信息和沟通战略委员会会议上，提出要大力扶持增材制造等新兴技术。2017 年，分拨预算 350 亿韩元支持增材制造产业，帮助本国增材制造企业在国防、铁路等公共部门的零部件定制方面创造市场机会；支持在牙科治疗设备和康复领域创建可以提供个性化定制服务的增材制造设备；加强增材制造在造船、汽车和机械设备等制造业当中的应用。

第二章　2017 年中国装备工业发展状况

　　2015 年以来，全球经济不断复苏但速度依旧缓慢，新兴经济体发展势头偏弱，地缘政治等影响经济发展的非经济因素持续发挥作用。我国经济快速平稳发展，形势较好，新旧动能转换虽然艰难但仍持续进行中，此外，受汽车等主要行业市场的强势回归影响，2017 年我国装备工业整体生产增速有所回升。2017 年 1—11 月，全国规模以上装备制造企业工业增加值同比增长 10.8%，分别高于全国工业和制造业增加值增速 4.2 和 3.6 个百分点，高于上年同期 1.2 个百分点；实现出口交货值同比增长 9.67%。1—10 月，全行业主营业务收入同比增长 10.28%，利润总额同比增长 12.34%。分行业看，1—11 月，仪器仪表制造业、汽车制造业、专用设备制造业、通用设备制造业、电气机械和器材制造业增加值同比增长均在 10% 以上，增速分别为 12.8%、12.6%、11.9%、10.7%、10.7%；工业机器人产量 118169 台，同比增长 68.8%。虽然 2017 年我国装备工业的整体增长速度有所回升，但是依然存在很多问题。如市场需求低迷、自主创新能力薄弱、基础支撑能力不足、高端产业低端化、企业融资压力大、投资持续低迷、智能制造关键技术受制于人等。

第一节　产业现状

一、主要行业效益分化

　　2017 年 1—11 月，我国汽车产销量分别完成 2599.9 万辆和 2584.5 万辆，同比分别增长 3.9% 和 3.6%。其中，11 月当月，汽车产销量分别完成 308 万辆和295.8万辆，同比分别增长2.3%和0.7%。1—11月，全国造船完工量3988万载重吨，同比增长25.3%；新承接船舶订单量2538万载重吨，同比增长27.3%；截至11月底，手持船舶订单量88167万载重吨，同比下降20.7%，比2016年底降低18%。1—11月，发电机组产量同比下降3.3%。其中，水轮发电机组、汽轮发电机和风力发电机组产量分别同比下降11.6%、6.2%和1.7%。电站用汽轮机和电站水轮机产量分别同比下降14.1%和增长3.4%。变压器和电力电缆产量分别同比增长2.8%和4%。1—11月，金属切削机床产量同比增长7.3%，其中数控金属切削机床产量同比增长1.7%；金属成形机床产量同比增长1.8%。金属切削工具和铸造机械产量分别同比增长14.6%和11.8%。

二、重点产业强国建设再上新台阶

《中国制造2025》明确将高端装备创新工程作为政府引导推动的五个工程之一，提出组织实施大型飞机、航空发动机及燃气轮机、民用航天、智能绿色列车、节能与新能源汽车、海洋工程装备及高技术船舶、智能电网成套装备、高档数控机床、核电装备、高端诊疗设备等一批创新和产业化专项、重大工程。2017年以来，面对错综复杂的国内外形势，在以习近平同志为核心的党中央坚强领导下，我国制造强国建设再上新台阶。一是国家制造战略顺利实施，配套政策措施陆续推出，纵向联动、横向协同的工作机制进一步完善，"中国制造2025"国家级示范区启动创建，涌现一批重大标志性成果。二是国家制造业创新体系建设不断完善，新批复3家国家制造业创新中心，指导培育48家省级创新中心。国家科技重大专项、工业强基工程实施取得新突破，重点领域"卡脖子"问题进一步缓解，高档数控系统打破国外技术垄断，高端装备创新成果丰硕，"蓝鲸1号"在南海成功试采可燃冰，C919大型客机、AG600水陆两栖飞机成功首飞，党中央、国务院贺电慰问。上海、浙江、湖北、辽宁、陕西等省份细化落实"中国制造2025"分省市指南，积极谋划新项目、推进试点示范城市建设取得突出成效。三是"中国制造2025"国际对接合作不断深化，中俄联合研制宽体客机CR929项目顺利启动，与美欧日等在智能制造、工业互联网、5G、智能网联汽车等领域交流合作广泛开展，金砖国家工业领域合作达成多项共识。

三、智能制造新模式加速推广应用

2015—2017 年，工业和信息化部通过智能制造综合标准化与新模式应用项目和智能制造试点示范专项行动共支持了 308 个新模式应用项目和 206 个试点示范项目，探索形成了一批可复制推广的智能制造新模式，例如，以满足用户个性化需求为引领的大规模个性化定制模式、以缩短产品研制周期为核心的产品全生命周期数字一体化模式、快速响应多样化市场需求的柔性制造模式、以打通企业运营"信息孤岛"为核心的互联工厂模式、以质量管控为核心的产品全生命周期可追溯模式、以提高能源资源利用率为核心的全生产过程能源优化管理模式、以供应链优化为核心的网络协同制造模式、基于工业互联网的远程运维服务模式。

企业在实施智能制造过程中，由于产品、工艺、市场环境等的不同，会呈现出不同的特征、做法和成效，形成不同的制造和商业模式，这些制造和商业模式可统称为智能制造新模式。展望 2018 年，随着我国制造业智能转型的全面推进，各行业、企业将加快推动新一代信息通信技术、智能制造关键技术装备、核心工业软件等与企业生产工艺、管理流程的深入融合，推动制造和商业模式持续创新，智能制造新模式将加速推广应用。

四、首台套保险补偿机制取得显著成效

首台（套）重大技术装备保险补偿机制试点工作连续开展三年以来成效显著，首台（套）重大技术装备保险补偿机制的确立，有效推动了国产装备新产品的市场推广、应用以及产品持续优化，有助于推动我国装备制造业创新体系的健康发展并提升装备制造业的核心竞争力。一是有效推动了国产重大技术装备推广应用。如电子专用设备领域，2015 年，中晟光电设备（上海）有公司投保 LED 生产线关键设备，在重大技术装备保险补贴政策的支持下，顺利地进入了 LED 外延片大生产线，实现了产业化的目标。2017 年，随着原进口的大批 MOCVD 淘汰和 LED 生产线扩产，国产 MOCVD 迅速抢占市场，2017 年上半年已销售 30 多台，预计 2017 年的订单可超过百台。这不仅

避免了又一轮 MOCVD 引进大潮，并且还可节省一半设备投资，降低了 LED 的成本，推动我国 LED 产业的发展。二是有效提升了国产装备国际竞争力。例如海工装备领域，中船黄埔文冲船舶有限公司对其制造的海洋石油 286 深水多功能水下支持船投保并获得补贴后，2016 年与同一用户再次签订 1.7 亿美元的销售合同；烟台中集来福士海洋工程有限公司制造的海工钻井平台、三一集团制造的路面起重机、上海江南长兴重工有限责任公司的液化气船等投保综合险，对稳定其海外用户起到非常重要的作用。再如工程机械领域，首台套保险补偿机制有效推动了重点产品取代进口设备，目前国产盾构机的市场占有率达 94.9%、工程起重机市场占有率达 93.8%、建筑起重机市场占有率达 99.6%、大马力推土机市场占有率达 96%、压路机市场占有率达 84.5%、旋挖钻机市场占有率达 98% 以上，基本实现了进口替代。国产装备在市场竞争力和扩大推广应用方面取得的成果，与国家对重大技术装备支持政策的实施是分不开的。三是显著降低了企业风险。例如，二重集团研发的关键设备或生产线价值数亿元，若研制失败，制造企业与用户方均会承担高额风险，享受首台套保险补贴政策后，通过保险机制为后续的设备整改、完善、优化、提高等各项工作提供必要的资金支持，企业在热连轧线定宽压力机、厚板铝轧线拉伸机、高速冷连轧机组等方面实现自主集成研制，并逐步实现了全面国产化。四是鼓励支持了制造企业自主研发和产品创新。例如，中冶长天国际工程有限责任公司自主研发、针对钢铁烧结机的活性炭烟气净化系统应用于宝钢湛江基地 2×550 平方米烧结烟气净化工程，总投资 2.5 亿元。在总面积数相同的前提下，与太钢之前一直引进的日本住友同类技术相比，投资下降约 40%，在满足脱硫效率的前提下，脱硝效率提高 51.5%，二噁英脱除率提高 14.3%。

第二节　存在问题

一、市场需求低迷仍未明显改观

传统能源、原材料行业由于产能过剩问题而持续处于化解产能过程中，进而导致相关的机械设备新建投资订货明显不足，其中包括石油天然气装备、冶炼设备、发电设备、重型矿山机械等行业，市场需求不旺将是 2018 年装备工业面临的最大挑战，但不同行业、不同企业情况差异较大。如重机行业开工率下降，企业多数单班生产，大型热加工车间存在开开停停，大型骨干企业生产、订货下滑严重，2018 年需求仍呈现低迷状态，船舶行业总体上依然困难，但受益于"一带一路"建设的发展，工程机械部分产品将呈现增长态势。

二、自主创新能力薄弱

长期以来，我国装备制造业自主创新能力不强、高技术欠缺的问题一直存在并将持续存在一段时间。目前，我国多数装备制造企业仍处于跟踪模仿阶段，部分所谓进行"自主创新"的企业也仅仅是基于发达国家的技术平台从事应用创新，重大的理论创新较少，自主创新能力亟待提高。造成我国装备制造业创新能力不强的原因，首先是我国自主创新能力整体偏弱。虽然2013 年我国研发经费投入与 GDP 之比首次突破 2%，但是在企业层面，大型企业的研发投入只有 0.88% 左右，与发达国家的差距较大，并且成果转化率比较低。就智能制造而言，我国以企业为主体、以市场为导向的制造业创新体系还不健全，在扶持政策、激励机制、服务体系、社会环境等方面仍存在一些制约创新的弊端，尚未形成跨学科、跨领域的"用产学研金政一体化"协同创新的生态体系。支撑企业开发创新的公共服务平台数量还不多、能力还不强，通用平台、测试验证、市场推广等方面的经验有待积累，大型科研设备和创新资源开放共享程度不够，能够发挥实质作用的联盟、协会和共性技术研发机构不足。

三、基础支撑配套能力不足

制约我国装备工业高端化的重要因素在于基础支撑能力不足。一是我国装备工业领域的高技术人才严重匮乏，导致装备工业领域的研究滞后，研究能力严重不足。二是基础材料不过关。目前我国航空发动机等高端装备制造业领域的高端结构材料关键技术仍未解决，25% 的材料完全空白，导致高端材料自给率不高，不具备产业化条件；相当部分的材料，虽然关键技术已取得突破，可以生产，但品质较低，质量不稳定，不能完全满足发展需求。三是基础技术、基础工艺和基础部件发展滞后。基础部件的质量、性能和可靠性等决定着重大装备和主机产品的性能、质量和可靠性，是我国装备工业实现由大到强的关键。以智能制造为例，我国智能制造标准规范体系尚不完善，尤其是智能制造的行业应用标准规范，同时也存在缺失滞后、交叉重复的现象。工业软件综合实力较弱，研发设计软件、嵌入式软件与信息咨询服务基本被国外垄断，国内工业软件企业生存空间相对较小，在产品化、工程化方面与国外企业有一定的差距。工业互联网基础设施亟待完善，工业互联网平台难以满足工业生产高实时、高可靠性的需求。此外，还存在信息安全意识不足、防护不到位等问题。

四、高端产业低端化隐忧显现

《中国制造2025》的发布实施，有效推动新能源汽车、工业机器人、增材制造装备、无人机等新兴领域的快速发展，但这些新兴领域尚处于起步阶段，存在着企业规模小且分散、关键技术缺乏、行业竞争力弱等问题，支撑装备工业发展的新动能亟待加快培育。2017年1—6月，我国新能源汽车累计产销分别为21.2万辆和19.5万辆，同比分别增长19.7%和14.4%。虽然增速较快，但仅占同期全国汽车产销量的9.8%和10.6%，预计2018年其对汽车工业增长的支撑能力仍然不足。

五、企业融资压力不断加大

随着宏观经济增长放缓，实体经济产能过剩压缩盈利能力和现金流，装备企业融资压力不断增加。虽然2017年央行已多次降准、降息，但银行惜贷与部分企业不愿贷并存，诸多行业普遍反映的融资难、贷款成本高、制造商担保融资负担重等问题较为突出。以船舶行业为例，新船价格走低和船东延期交付都加大了船企流动资金缺口，但金融机构对船舶工业的信贷政策却持续收紧，贷款难度不断增加，部分企业因为无法及时得到银行保函而丢失订单。2017年上半年，受金融市场"去杠杆"等因素影响，流动性出现季节性和结构性紧张，我国船舶买方信贷利率高于日本和韩国的利率水平。融资难和融资贵提高了我国船企的综合成本，降低了企业的国际竞争能力，阻碍行业健康平稳发展。[①]

六、投资持续低迷

2017 年 1—4 月，全国装备工业累计完成固定资产投资 12559.1 亿元，同比仅增长 2.15%，分别比上年同期投资（9.25%）、全社会投资（8.9%）和制造业投资（4.9%）低 7.1、6.75 和 2.75 个百分点。固定资产投资增速在连续回落之后仍然在低位震荡徘徊，装备工业增长后劲不容乐观。根据中机联的统计数据，从到位资金情况看，2017 年 1—7 月机械工业固定资产投资实际到位资金 26574.05 亿元，同比下降 3.72%，较上年同期降幅加深 3.23 个百分点。

七、智能制造关键技术装备和软件受制于人

近几年，我国智能制造核心装备和工业软件取得重要突破，但与发达国家相比，我国高档数控机床与工业机器人、增材制造装备、智能传感与控制装备、智能检测与装配装备、智能物流与仓储装备等关键技术装备仍比较薄弱，数字化设计与制造等关键核心技术亟待提升，制约着我国智能制造的发展。目前，国内工业机器人市场约 60% 由外资品牌把持，90% 的高档数控系统、高性能传感器和 85% 以上的可编程逻辑控制器（PLC）依赖进口。

---

① 引自《2018 年中国装备工业发展形势展望》。

行业篇

第三章　机械行业

2017 年，面对错综复杂的国内外形势，机械工业深入推进供给侧结构性改革，扩大有效供给，推进行业转型升级、提质增效。全年实现效益改善、出口回升，行业运行稳中向好，市场信心逐步提升，发展形势好于预期。与此同时，高端产品供应不足、低端产品供应过剩的不平衡状态仍未根本改变，专用装备等短板发展不充分的问题依然突出。

第一节　行业运行基本情况

一、行业保持较高增速

2017 年，机械工业增加值增速始终保持在 10% 以上，延续了上年持续高于全国工业和制造业的态势。全年机械工业增加值同比增长 10.7%，高于机械工业上年 1.1 个百分点，分别高于同期全国工业和制造业 4.1 和 3.5 个百分点。通用设备制造业，专用设备制造业、电气机械和器材制造业以及汽车制造业的全年工业增加值增速均超过 10.5%，其中通用设备制造业和专用设备制造业的增速较上年提升 4.6 和 5.1 个百分点。农机工业增加值增速为 9.1%，同比增加 1.4 个百分点，农机工业 12 个子行业全部实现正增长。

二、经济效益明显改善

2017 年，机械工业实现主营业务收入 24.54 万亿元，同比增长 9.47%，比 2016 年高 2.03 个百分点。实现利润总额 1.71 万亿元，同比增长 10.74%，比 2016 年高 5.2 个百分点。2017 年，机械工业主要效益指标较快增长，但主营业务收入及利润增速分别低于同期全国工业 1.61 和 10.3 个百分点。从盈利能力看，2017 年机械工业主营业务收入利润率为 6.98%，比上年提高 0.08 个百分点，高于同期全国工业 0.52 个百分点；每百元资产实现的主营业务收入为 109.89 元，比上年提高 0.42 元，高于同期全国工业 1.5 元，表明机械企业的盈利能力在增强。2017 年，机械工业生产者出厂价格指数改变了前些年持续的下行态势，各月指数介于 100.1 至 100.9 之间。

三、分行业发展全面向好

重点监测的机械工业 64 种主要产品中，产量实现同比增长的产品有 47 种，占比 73.4%，产品产量增长面较上年扩大 9.3 个点；产量同比下降的产品 17 种，占比 26.6%。相比 2016 年的以汽车、电工电器两大行业为主拉动增长不同，2017 年以来，机械工业各分行业均表现出向好的发展态势，汽车、内燃机、工程机械、仪器仪表 4 个分行业实现两位数增长。汽车和电工电器行业的新增主营业务收入分别占全行业的 40.56% 和 22.99%，其他行业合计占 36.45%。在全行业新增利润中，汽车和电工电器行业分别占 23.01% 和 14.73%，其他行业合计占 62.26%。

四、对外贸易增速回升明显

2017 年，机械工业对外贸易增速持续回升，全年累计实现进出口总额 7123 亿美元，同比增长 10.01%。其中进口 3063 亿美元，同比增长 12.31%；出口 4060 亿美元，同比增长 8.33%，实现贸易顺差 997 亿美元。13 个主要分行业全部实现对外贸易出口同比正增长，其中农业机械、工程机械、机床工具和汽车行业出口实现两位数增长。特别是推土机、收获及场上作业机械、装载机、数控机床、汽车整车等产品，出口形势良好，出口量增幅分别为 70.4%、51.5%、48.6%、44.1% 和 31.2%。

第二节 各子行业运行分析

一、工程机械

（一）产品产量整体向好

随着当前国内宏观经济稳中有涨，国家实施积极的财政政策，工程机械行业产品产量整体向好。根据中国工程机械工业协会的统计数据，2017 年参加统计的 22 家主要企业共销售压路机 17421 台，同比增长 46%。2017 年，叉车行业提速增长，国内叉车销售量（不含出口）达到 36 万辆，比 2016 年的26.8 万辆增长 34.3%。装载机继续保持 4 月以来的快速上升势头，自 2017 年4 月开始，装载机单月销量始终稳定在 7600 台以上，同比增长率保持在 40%以上。2017 年，平地机行业保持持续平稳上升势头，累计销售 4522 台，比上年的 3181 台，增长 42%，除了 1 月，其他 11 个月同比增幅均在 25% 以上。

（二）产品出口创新高

"一带一路"效果初显，据海关总署数据，2017 年，我国工程机械进出口贸易额达到 241.91 亿美元，同比增长 19.3%。其中，出口 201.05 亿美元，同比增长 18.5%，贸易顺差 160.19 亿美元，同比扩大 23.76 亿美元。主要出口产品中，挖掘机出口额 14.26 亿美元，增长 30.7%；装载机 15.7 亿美元，增长 57.5%；叉车 19.39 亿美元，增长 16.7%。主要出口目标国中，排名前六位的国家分别为美国、日本、俄罗斯、澳大利亚、印度和印尼，增幅分别为 32.9%、25.4%、78.7%、27.3%、16.7%、34.6%。

二、农业机械

（一）行业持续健康发展

2017 年，我国全面全程农机化的推进促进了农机工业持续健康发展，农机工业增加值增速为 9.1%，同比增加 1.4%。农机工业 2429 家规模以上企业主营业务收入为4291.35亿元，同比增长了6.15%。据中国农机工业协会的统计数据，行业骨干企业大中型拖拉机生产22.7万台，同比下降25.75%，小四轮拖拉机生产17.7万台，同比下降18.67%，手扶拖拉机生产10.87万台，同比下降29.45%，2017年增长最快的是150马力以上的大型拖拉机。骨干企业收获机总产量下降29.48%，自走式玉米收获机生产1.8万台，同比下降48.64%；水稻收获机生产7.9万台，同比下降24.29%，水稻收割机喂入量明显增大，5公斤水稻收割机的总产量占整个产量的72.86%。另一方面，适应南方丘陵山区用的喂入量小于1.5公斤的简易型水稻收割机增长非常快。骨干企业轮式小麦收获机生产3.3万台，同比下降了24.04%，7、8公斤的小麦机增幅非常大。谷物烘干机全年生产2.8万台；压捆机行业骨干企业产量同比下降了13.94%；插秧机生产7.6万台，同比增长19.79%；青饲料收获机生产4000台，同比增长20%。

（二）子行业全部实现正增长

2017年，农机工业12个子行业全部实现正增长，增速较大的分别是渔业机械增长54.87%，林业机械增长44.49%，畜牧机械增长26.62%。全行业实现利润243.12亿元，增幅8.10%，超出预期，其中增长比较大的产品有畜牧机械增长33.74%，渔业机械增长34.70%，拖拉机利润总额增长23.08%。

（三）产品出口情况不断分化

2017年，农机出口总额284.4亿元，累计同比增长9.27%。其中较为突出的为饲料机械和拖拉机，分别同比增长54.65%、47.08%。而过去出口量比较大的联合收割机、水稻插秧机等水稻机械等有所下滑。我国对欧盟和东盟的农机出口下降，对非洲和中亚的农机出口增长较快。

（四）经营压力增大

2017年，由于钢材等原材料涨价、超宽超高治理等原因，使得收获机等大型农机运输成本增幅超过40%。此外环保治理污染造成企业限产铸件锻件涨价，柴油机国三排放升级造成制造成本加大。2017年，行业每百元主营业务收入中的成本费用为86.78元，较上一年有所增加。由于压缩库存和产品同质化竞争加剧，部分产品销售价格下降，影响企业利润，行业经营利润率为5.71%，低于上一年的6.08%。行业亏损企业占8.93%，比上年增加了57

家亏损企业。

三、机床工具

（一）市场呈现恢复性增长

2017 年前三季度，我国机床工具消费市场呈现恢复性增长，与长期投资相关的金属切削机床产品持续走弱，中短期消费类工业品仍呈现显著增长。国家统计局的数据显示，全行业主营业务收入约为 7641 亿元，同比增长 8.8%；利润总额约为 481 亿元，同比增长 22.2%。从细分领域主营业务收入同比增速看，金属切削机床同比下降 0.8%，金属成形机床同比增长 14.5%，工量具同比增长 16.3%。2017 年 1—9 月，机床协会全部重点联系企业的产成品存货同比下降 3.5%。金属加工机床产成品存货同比下降 5.0%。其中，金属切削机床同比下降 4.1%，金属成形机床同比下降 11.4%。工量具产成品存货同比下降 6.3%。

（二）亏损面小幅收窄

2017 年 1—9 月，机床协会全部重点联系企业的利润总额同比增长 53.9%，金属加工机床利润总额同比下降 110.4%。其中，金属切削机床同比下降 28.7%，金属成形机床同比增长 22.2%。工量具利润总额同比增长 97.9%。全部重点联系企业的亏损企业占比为 37.9%，金属加工机床亏损企业占比为 41.1%，其中金属切削机床企业为 45.6%，金属成形机床企业为 19.0%。工量具亏损企业占比为 35.7%。

（三）进出口增长明显

海关进出口数据显示，2017 年 1—9 月，机床工具商品进出口总额 197.1 亿美元，同比增长 13.0%。贸易逆差 29.5 亿美元，同比增长 27.7%。出口方面，1—9 月出口总体呈现恢复性增长，同比增速持续扩大。出口额 83.8 亿美元，同比增长 10.7%。其中，金属加工机床出口额 23.4 亿美元，同比增长 8.6%；金属切削机床出口额 15.6 亿美元，同比增长 10.0%；金属成形机床出口额 7.9 亿美元，同比增长 6.0%。切削刀具出口额 19.1 亿美元，同比增长 7.2%；磨料磨具出口额 16.9 亿美元，同比增长 17.6%。

进口方面，2017 年 1—9 月进口增速呈现明显增长。进口额 113.3 亿美元，同比增长 14.7%。其中，金属加工机床进口额 65.1 亿美元，同比增长 10.8%；金属切削机床进口额 53.7 亿美元，同比增长 11.8%；金属成形机床进口额 11.4 亿美元，同比增长 6.6%。切削刀具进口额 11.5 亿美元，同比增长 19.0%。[①]

四、工业机器人

（一）产业继续保持较高速增长

近年来，受国内外经济的综合影响，同时随着我国劳动力成本的快速上涨，人口红利逐渐消失，工业企业对包括工业机器人在内的自动化、智能化装备需求快速上升，我国机器人产业继续保持较高增速发展态势。2017 年工业机器人累计生产超过 13 万套，累计增长 68.1%，其中 12 月份产量为 12682 套，单月同比增长 56.5%。

（二）标准体系持续完善

2017 年，国家标准化管理委员会、国家发展和改革委员会、科学技术部、工业和信息化部联合发布了《国家机器人标准体系建设指南（2017 年版）》，结合市场需求和现状，将在基础、监测评定方法、零部件、整机和系统集成领域加速开展标准研制工作。目前，我国工业机器人领域已发布、制定中的国家和行业标准共计 106 项，标准基本覆盖了机器人标准体系中的基础共性和关键技术产品，但工业机器人具有多学科交叉融合、前沿技术发展迅速的特点，目前标准覆盖面仍不足。

（三）行业统计数据趋于健全

2017 年 10 月 1 日，《国民经济行业分类》（GB/T4754—2017）新标准正式实施。机器人制造首次作为独立的行业列入《国民经济行业分类》之中。根据新的分类，工业机器人制造（代码 3491）与特种作业机器人制造（代码 3492）两个行业小类，归属于其他通用设备制造业行业中类（代码 349），归

---

① 中国机床工具工业协会：《2017 年前三季度机床工具行业运行分析与外贸情况》，《中国工业报》2017 年 11 月。

属于通用设备制造业行业大类（代码34）。这次修订将有望丰富机器人产业统计数据种类，给产业政策的制定、重大专项批复等方面提供数据支持，对促进机器人产业发展具有长远的积极影响。

（四）产品结构不断优化

随着我国机器人产业的健康发展，附加值高的国产多关节机器人销量占比逐年提升，坐标机器人、并联机器人占比逐年下降，产品结构延续近几年不断优化态势。2017年，国产多关节机器人销量首次超越坐标型机器人，成为首要机型，全年累计销售1.6万台，同比增长35.5%，但国产多关节机器人在同类型机器人市场中的比重由2016年的21.5%回落至17.5%。坐标机器人销售总量超过2.12万台，销量同比增长15.4%，增速较上年加快。SCARA机器人在各类机型中增速最高，销量成倍增长。并联机器人销量自2013年来首次同比下降，降幅为3%。

（五）应用领域不断拓展

近年来，国产机器人不断拓展到新的应用领域。国产工业机器人的应用主要集中在搬运与上下料、焊接与钎焊、装配、主要涂层与封胶、加工等，已经从传统的汽车制造向机械、电子、化工、轻工、船舶、矿山开采等领域迅速拓展。2017年，搬运和上下料机器人销量超过6.3万台，同比增长57.5%，增速较上年明显回升，在总销量中的占比与2016年持平，依然是我国市场的首要应用领域。焊接与钎焊机器人销售3.5万台，同比增长56.5%，增速大幅度提高。装配及拆卸机器人销售2.8万台，同比增长71.2%。国产工业机器人已服务于国民经济37个行业大类，91个行业种类。其中，3C制造业和汽车制造业依然是国产机器人的主要市场。服务机器人已经在医疗手术、餐饮、消费、消防、公共服务等领域得到了应用。[①]

五、增材制造

（一）产业保持高速增长态势

2017年，我国增材制造产业规模已达100亿元，增速高于全球4个百分

---

① 引自《2018年中国机器人产业发展形势展望》。

点。其中，工业级增材制造市场将成为未来产业增长的主要发力点。从全球范围看，工业级增材制造装备销量稳步增长，近五年复合增长率为13.6%。2017年，全球工业级增材制造装备的销量约为14736台，同比增长12.6%，增速较2016年提高8.4个百分点。工业级增材制造可广泛应用于传统产业升级和战略性新兴产业发展，尤其在金属增材制造领域，已经展现强势增长势头。随着增材制造技术的逐渐成熟和成本的不断降低，市场需求和发展潜力巨大。

（二）终端装备价格将更加"亲民"

随着消费级增材制造设备市场竞争的白热化和工业级增材制造装备的国产化，下游终端装备的价格将呈下降趋势。消费级增材制造设备技术门槛低，行业竞争激烈，导致大量下游设备价格降至千元级别，预计2017年消费级增材制造设备有进一步下降空间。而进口工业级增材制造装备在国产化之前价格高昂，如之前一套EOS金属增材制造装备售价500万元，类似装备实现国产化之后其售价便降至300万元。因此，随着一批国产装备的研制成功，预计工业级增材制造装备价格将继续调整至合理价格区间。

（三）国外企业加速布局中国市场

截至目前，包括Stratasys、3D Systems在内的国际增材制造巨头已经在中国成立办事处或分公司，瞄准中国增材制造产业的巨大市场潜力，积极拓展在华业务，并初步获得一定成效。以德国EOS为例，2016年，EOS在中国的累计出货量达到200套，相比2010年这一数字仅为10套，6年时间出货量增长了19倍；2016年，EOS全球营收3.15亿欧元，其中中国地区营收2500万欧元，占全球市场的8%，占亚太地区的50%—55%。2017年6月，商务部发布《外商投资产业指导目录（2017年修订）》，鼓励外资投资增材制造产业，预计2017年下半年国外企业将加速在中国市场的布局。

（四）增材制造产业愈加受到资本市场青睐

2015—2016年，中国增材制造产业巨大的发展潜力吸引了资本市场的关注，两年时间内增材制造行业共获得了54例风险投资。2016年，西安铂力特激光成形技术有限公司更是获得了单笔1.92亿元的投资，成为国内增材制造行业获得单笔最大投资额的增材制造公司。此外，以增材制造为主营业务的上市企业数量不断增加，先临三维、联泰科技等企业成功登陆新三板，光韵达、南风股份、海源机械等主板上市企业也在积极拓展增材制造业务。2017年下半年，增材制造领域继续获得包括并购基金、风险投资等资本的青睐，从而助推产业加速发展，预计未来将有更多以增材制造为主营业务的企业上市。

六、内燃机

（一）产业呈平稳增长态势

2017年，全国内燃机累计销量5645.38万台，呈现平稳增长态势，同比增长4.11%。从燃料类型来看，柴油机增幅明显高于汽油机，柴油机累计销量555.61万台，同比增长13.04%；汽油机累计销量5088.95万台，同比增长3.21%。

（二）产品销量不断分化

从内燃机配套市场来看，除船用、通用机械用内燃机累计销量同比下降外，其他细分市场呈现不同程度的涨幅。其中，乘用车用、摩托车用、园林机械用、发电机组用内燃机平稳增长，累计销量分别为2205.40万台、2030.12万台、341.29万台和170.70万台，同比分别增长2.99%、2.09%、1.68%和1.73%；商用车用、农业机械用、工程机械用内燃机增长明显，累计销量分别为398.57万台、381.69万台和73.84万台，同比分别增长13.02%、11.41%和56.53%，国内基础设施建设保持较高增速和"一带一路"建设持续推进是工程机械用内燃机高速增长的主要原因。船用内燃机累计销量2.40万台，同比下降2.30%；通用机械用内燃机累计销量41.37万台，同比下降6.59%。

第三节　行业发展面临的问题

一、经营成本持续上升

一是机械工业总体上产能严重供过于求、市场过度竞争的局面没有改变，固定资产投资增幅还在低位徘徊，机械工业的传统用户，如钢铁、煤炭、电力、石油、化工等领域处于产能调整阶段，市场需求疲软。二是企业面临原材料价格上涨、用工成本上涨等压力。2017 年，由于用工成本上涨、原材料价格攀升、融资成本和物流成本增长等原因，机械工业主营业务成本同比增长 9.53%，比上年提高 2.01 个百分点，低于同期全国工业 1.42 个百分点。每百元主营业务收入的成本为 84.6 元，比上年增加 0.05 元。

二、创新能力亟待提升

一是基础理论、设计方法等方面的研究欠缺，重要前沿和原理性创新匮乏，基础试验研究短缺，检测检验手段陈旧，共性技术研究不够，导致自主创新能力不强，高性能基础零部件及关键元器件核心技术发展滞后，对外依存度较高，高端装备、先进集约化装备以及重大装备核心技术仍需进口，重大技术装备配套的自动化控制系统、科学测试仪器等品种满足率不高，成为各类主机和重大装备自主研制制约因素。二是设计理念落后，工艺适应性较差，产品趋于通用化，针对性不强，一些新的设计方法尚处于发展阶段，导致产品同质竞争、缺乏市场影响力，用户满意度不高。三是研发投入仍旧较低，据统计，机械工业合计研发投入强度为 1.36%，低于发达国家 2.24 个百分点。试验检测和工业性验证技术与装备等基础共性技术研究投入仍显不足。此外，知识产权保护不力，也对研发投入带来负面影响。

三、人才仍是制约瓶颈

一是高端技术人才缺口较大，当前，我国高端技术人才的老化趋势日趋明显，青年高级技术人才存在很大缺口，以数控机床为例，目前我国每年数控机床操作人才缺口达 30 万人之多，其中，掌握操控多轴联动数控设备进行数控多轴加工技术的"高端蓝领"严重匮乏，较大程度上影响了生产设备的更新换代和产品升级。二是人才流失较为严重，当前，机械工业企业在人才招聘、培训和管理方面的能力还有待进一步提高，且普遍缺乏优秀人才长期工作的激励机制。此外，与金融、证券、房地产和互联网等行业相比，机械工业企业的盈利能力较弱，对人才的吸引力不足。

第四章　汽车行业

2017年以来，我国汽车行业发展面临不小压力，一方面，1.6升以下乘用车购置税优惠幅度减小；另一方面，新能源汽车政策面临调整，从全年汽车工业运行情况看，产销增速虽略低于年初5%的预计，行业整体运行态势良好，呈现平稳增长态势。乘用车领域，受购置税优惠幅度减小的影响，1.6升及以下乘用车销量及市场占有率有所下降，SUV对乘用车增长的拉动作用依然明显。商用车领域，在货车增长拉动下，产销增速明显高于2016年。我国新能源汽车发展势头强劲，实现了高速增长，同时，各地加快布局新能源汽车零部件产业。2017年，中国品牌乘用车累计销量占乘用车销售总量的43.9%，占有率进一步提升，自主车企加快转型升级步伐，重新发起了品牌向上的突围战。在智能网联汽车方面，2017年可谓自动驾驶起势之年，传统车企、互联网企业等纷纷加快在智能网联汽车领域布局。2017年，我国汽车进出口呈现较快增长态势，这也是出口连续4年下降后首次出现增长，汽车制造企业经营情况有较大改善。但行业发展仍面临以下问题：一是关键技术创新水平有待进一步提高；二是动力电池回收利用问题亟待重视；三是充电设施建设无法满足车桩协同发展目标；四是产业发展环境有待进一步完善。

第一节　行业运行基本情况

一、产销实现平稳增长

2017年，是全面落实"十三五"规划的关键一年。我国汽车行业面临一定压力，一方面，由于购置税优惠幅度减小，乘用车市场在 2016 年出现提前透支；另一方面，新能源汽车政策调整，对上半年销售产生一定影响。从全年汽车工业运行情况看，产销增速虽略低于年初 5% 的预计，但 2017 年是在 2016 年高基数的基础上实现的增长，行业整体运行态势良好，呈现平稳增长态势。中国汽车工业协会数据显示，2017 年，我国汽车产销分别完成 2901.5 万辆和 2887.9 万辆，同比分别增长 3.2% 和 3%，分别低于 2016 年 11.3 和 10.6 个百分点，连续 9 年蝉联全球第一。行业经济效益增速明显高于产销量增速。2017 年 1—11 月，17 家重点汽车企业集团工业总产值、营业收入、利润总额同比分别增长 11.7%、9.8% 和 8.9%，远高于 GDP 增速，成为 2017 年汽车行业发展的特点和亮点。

中国汽车工业协会统计数据显示，2017 年除 4 月、5 月之外，我国汽车月销量均高于 2016 年同期，前 3 个季度基本符合年初的预计。由于 2016 年基数较大，进入 4 季度，产销增速出现明显回落，全年增速回落至 3%。2017 年 12 月，汽车生产 304.1 万辆，同比和环比分别下降 0.7% 和 1.3%，销售 306 万辆，同比和环比分别增长 0.1% 和 3.5%。

图 4-1　2001—2017 年我国汽车销量及增长率

资料来源：赛迪智库整理，2018 年 1 月。

	1—2月	1—3月	1—4月	1—5月	1—6月	1—7月	1—8月	1—9月	1—10月	1—11月	1—12月
2015年	4.3	3.9	2.8	2.1	1.4	0.4	0	0.3	1.5	3.3	4.7
2016年	4.4	6	6.1	7	8.1	9.8	11.4	13.2	13.8	14.1	13.7
2017年	8.8	7	4.6	3.7	3.8	4.1	4.3	4.5	4.1	3.6	3

◆— 2015年　　　2016年　　△ 2017年

图 4 - 2　2015—2017 年我国汽车月度销量情况

资料来源：赛迪智库整理，2018 年 1 月。

二、乘用车产销增长速度明显放缓

2017 年，我国乘用车产销增速明显减缓，是 2008 年以来年度最低增长水平。受购置税优惠幅度减小的影响，1.6 升及以下乘用车销量及市场占有率有所下降，SUV 对乘用车增长的拉动作用依然明显，交叉型乘用车市场继续萎缩。2017 年，我国乘用车累计产销分别完成 2480.7 万辆和 2471.8 万辆，同比增长 1.6% 和 1.4%。其中，轿车产销分别完成 1193.8 万辆和 1184.8 万辆，

图 4 - 3　2006—2017 年乘用车销量及增长率

资料来源：赛迪智库整理，2018 年 1 月。

同比下降 1.4% 和 2.5%；SUV 产销分别完成 1028.7 万辆和 1025.3 万辆，同比增长 12.4% 和 13.3%；MPV 产销分别完成 205.2 万辆和 207.1 万辆，同比下降 17.6% 和 17.1%；交叉型乘用车产销分别完成 53 万辆和 54.7 万辆，同比下降 20.4% 和 20%。

2017 年，1.6 升及以下乘用车累计销售 1719.3 万辆，同比下降 1.1%，占乘用车销量比重为 69.6%，下降 1.8 个百分点。1.6 升及以下自主品牌乘用车销量 837.4 万辆，同比下降 0.4%。

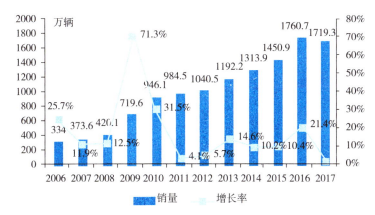

图 4-4　2006—2017 年 1.6 升及以下小排量乘用车销量及增长率

资料来源：赛迪智库整理，2018 年 1 月。

三、货车拉动商用车市场快速增长

2017 年，商用车在货车增长拉动下，产销增速明显高于 2016 年，分别完成 420.9 万辆和 416.1 万辆，同比分别增长 13.8% 和 14%，增速分别高于 2016 年 5.8 和 8.2 个百分点。分车型来看，客车产销量分别完成 52.6 万辆和 52.7 万辆，同比分别下降 3.8% 和 3%；货车产销量分别完成 368.3 万辆和 363.3 万辆，同比均增长 16.9%，其中重型货车产销分别达到 115 万辆和 111.7 万辆，创历史新高，也是继 2010 年首次突破 100 万辆后，再次超过 100 万辆。

图 4 – 5   2006—2017 年商用车销量及增长率

资料来源：赛迪智库整理，2018 年 1 月。

表 4 – 1   2017 年商用车分车型销量

货车分车型销售（万辆）				客车分车型销售（万辆）			
	2017 年	2016 年	增减		2017 年	2016 年	增减
货车总计	363.3	310.8	52.5	客车总计	53.7	54.3	– 1.6
中、重卡	134.6	96.2	38.4	大型	9.4	9.0	0.4
轻卡	171.9	154.0	17.9	中型	8.5	9.9	– 1.4
微卡	56.8	60.6	– 3.8	轻型	34.8	35.4	– 0.6

资料来源：赛迪智库整理，2018 年 1 月。

四、新能源汽车发展势头强劲

2017 年，我国新能源汽车实现了高速增长，产销分别完成 79.4 万辆和 77.7 万辆，同比分别增长 53.8% 和 53.3%，2017 年 12 月，新能源汽车产销分别完成 14.9 万辆和 16.3 万辆，同比分别增长 68.5% 和 56.8%。2017 年，我国新能源汽车市场占比 2.7%，比 2016 年提高了 0.9 个百分点。

从能源类型来看，纯电动汽车产销分别完成 66.7 万辆和 65.2 万辆，同比分别增长 59.8% 和 59.6%；插电式混合动力汽车产销分别为 12.8 万辆和 12.4 万辆，同比分别增长 28.5% 和 26.9%。

从车型结构来看，新能源乘用车中，纯电动乘用车产销分别完成 47.8 万辆和 46.8 万辆，同比分别增长 81.7% 和 82.1%；插电式混合动力乘用车产销分别完成 11.4 万辆和 11.1 万辆，同比分别增长 40.3% 和 39.4%。新能源商用车中，纯电动商用车产销分别完成 20.2 万辆和 19.8 万辆，同比分别增长 17.4% 和 16.3%；插电式混合动力商用车产销均完成 1.4 万辆，同比分别下降 24.9% 和 26.6%。

图 4－6　2009—2017 年我国新能源汽车销量及增长率

资料来源：赛迪智库整理，2018 年 1 月。

纯电动乘用车　　　　插电式混合动力乘用车
纯电动商用车　　　　插电式混合动力商用车

图 4－7　2017 年新能源汽车销量构成

资料来源：赛迪智库整理，2018 年 1 月。

五、各地加快布局新能源汽车零部件产业

北京市目前拥有新能源汽车产业链相关企业超过 40 家，已经形成较为完整的新能源汽车整车及零部件供应链体系，初步具备产业基础，并基本掌握

电池、电机、电控等三大关键核心技术及系统集成技术，产品覆盖乘用车、商用车两大类别和轿车、多功能乘用车、大客车、轻客等产品系列，产品谱系国内最全。

在关键零部件方面，已形成了涵盖动力电池及其材料、燃料电池系统、驱动电机、智能网联等环节的核心产业链，具备年产动力电池 15 亿瓦时、电机 7 万台套的产业化配套能力。围绕三大整车企业布局关键零部件，形成了大兴新能源汽车科技产业园（东南部）、昌平新能源汽车设计制造产业基地（北部）和房山高端现代制造产业基地（西南部）等三大新能源汽车产业基地。

上海市新能源汽车整车产品系列类型较丰富，涵盖从 A0 级小型纯电动乘用车到 A 级、B 级插电式混合动力乘用车，从纯电动 MPV 多用途商用车到轻型宽体纯电动客车、纯电动大客车等多类产品；整车及核心部件相关产业链发展完整，基本可满足本市新能源汽车产品量产需求。产业发展布局已形成综合性功能基地、乘用车产业基地和商用车产业基地等三大产业基地。新能源汽车产业链发展比较完整，自主技术水平保持国内领先，有些产品技术达到国际先进水平。

在关键零部件方面，上海市围绕新能源整车产品的量产需求，动力电池、驱动电机、电控系统核心零部件协同配套能力大幅提升，具备较大产业化规模，尤其在驱动电机方面技术水平国际先进、国内领先。动力电池的电芯和系统集成的产能规模进一步提升。上海航天电源、卡耐新能源、德朗能等的磷酸铁锂和三元材料电芯及系统已累计形成年产 10 亿瓦时以上产能，为金龙、中通、申沃、申龙等国内大型主流客车厂商提供电池配套。驱动电机产能规模全国第一，技术水平达到国际先进。电控系统软硬件技术水平处于国内领先。

2017 年，伴随着国内新能源汽车保有量的持续稳定增长，充电桩建设也取得快速发展。

根据中国电动汽车充电基础设施促进联盟发布的数据，截至 2017 年 12 月，我国公共充电桩保佑数量达到了 21.4 万个，比 2016 年净增约 7 万个，月均新增约 6000 个，私人充电桩数量 23.2 万个，车桩比例达到了 3.8∶1。从全球看，我国仍然保持充电设施建设运营数量第一的地位，公共充电桩总量约为第二位的美国的 4 倍，为我国新能源汽车发展提供了重要支撑。

六、中国品牌乘用车市场份额继续提高

2017 年，中国品牌乘用车累计销售 1084.7 万辆，同比增长 3%，占乘用车销售总量的 43.9%，占有率同比提升 0.7 个百分点；其中，轿车销量 235.4 万辆，同比增长 0.6%，市场份额 19.9%；SUV 销量 621.7 万辆，同比增长 18%，市场份额 60.6%；MPV 销量 172.8 万辆，同比下降 22.8%，市场份额 83.5%。

2017 年，自主车企品牌向上大有燎原之势。长城汽车高端品牌 WEY 推出的 VV7、VV5 两款车型获市场认可；吉利高端品牌领克首款车型 01 上市，备受消费者关注；广汽传祺接连推出高端车型 GS8、GA8、GM8，"三 8"高端战略正式落地；奇瑞在法兰克福车展上亮相全新高端产品系列 Exeed，主打轻奢风格。随着消费升级和企业自身能力的提升，自主品牌高端化发展是必然趋势。经过多年积累和屡次失利，自主车企加快转型升级步伐，重新发起了品牌向上的突围战。

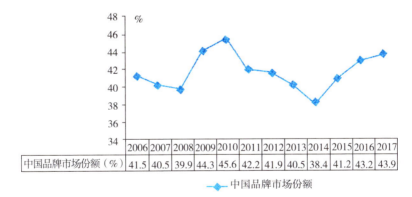

	2006	2007	2008	2009	2010	2011	2012	2013	2014	2015	2016	2017
中国品牌市场份额（%）	41.5	40.5	39.9	44.3	45.6	42.2	41.9	40.5	38.4	41.2	43.2	43.9

—— 中国品牌市场份额

图 4 - 8　2006—2017 年中国品牌乘用车市场份额变化趋势

资料来源：赛迪智库整理，2018 年 1 月。

七、智能网联汽车驶入健康发展快车道

2017 年可谓自动驾驶起势之年，传统车企、互联网企业等纷纷加快在智能网联汽车领域布局。百度更是发布了"Apollo（阿波罗）计划"，提供自动驾驶开放平台，与 50 余家企业携手。7 月 20 日，国务院印发《新一代人工智

能发展规划》；12 月 14 日，工信部印发《促进新一代人工智能产业发展三年行动计划（2018—2020 年)》，从顶层设计和战略层面为智能网联汽车的发展指明了方向。为支撑前瞻性技术研究，12 月 18 日，《北京市关于加快推进自动驾驶车辆道路测试有关工作的指导意见（试行）》和《北京市自动驾驶车辆道路测试管理实施细则（试行）》两个指导性文件出炉，成为国内首个自动驾驶上路测试的指导性政策，自动驾驶路测终于有法可依。这也是继 12 月 2 日深圳阿尔法巴智能驾驶公交路测后，又一地方政府对自动驾驶发展提供了支持。自动驾驶是产业发展的大趋势，我国在汽车强国的发展道路上必须抢占技术制高点。随着支持政策的完善，我国自动驾驶将驶入健康发展的快车道。

八、进出口均实现较快增长

根据海关统计口径，2017 年，我国汽车实现出口 89.1 万辆，同比增长 25.8%，呈现较快增长态势，这也是出口连续 4 年下降后出现增长。其中，乘用车出口 63.9 万辆，同比增长 34%；商用车出口 25.2 万辆，同比下降 8.9%。

图 4-9 2008—2017 年汽车出口量情况

资料来源：赛迪智库整理，2018 年 1 月。

2017 年 1—11 月，我国汽车整车累计进口 114 万辆，同比增长 19%；汽车整车累计出口 95.6 万辆，同比增长 30.5%。2017 年 11 月，汽车整车进口

12.3 万辆, 同比增长 14%; 汽车整车出口 11.6 万辆, 同比增长 42.3%。

图 4 - 10　2008—2017 年汽车进口量情况

资料来源: 赛迪智库整理, 2018 年 1 月。

第二节　行业发展面临的问题

一、关键技术创新水平有待进一步提高

新能源汽车竞争力的提升, 依赖于动力电池性能的不断提高和成本的不断下降。近年来, 我国在新能源汽车动力电池性能、成本和寿命等方面都有很大进步, 锂离子动力电池单体能量密度达 220 瓦时/公斤、价格 1.5 元/瓦时, 较 2012 年能量密度提高 1.7 倍、价格下降 60%, 驱动电机功率密度达到 3.0 千瓦/公斤。纯电动汽车主流车型动力性、经济性、安全性大幅提升, 已基本满足人们日常出行所需, 社会认可度有效提升。但与日本、韩国、美国等国家相比, 我国动力电池技术尚未取得革命性突破, 在氢燃料电池、固态电池、金属空气电池、锂硫电池等下一代动力电池技术研发及产业化方面未形成有效布局。国产动力电池在能量密度、循环寿命、成组可靠性与热管理等方面与国际先进电池产品相比仍有一定差距, 高比能量动力电池等关键核心技术仍是当前制约我国新能源汽车发展的主要瓶颈, 主要产品多采用合资

及外资动力电池电芯，缺乏自主可控的动力电池产业链，产业风险较大。虽然国内大部分电池企业看好未来市场前景，加大了投入力度，但大多缺少核心技术，只是简单扩大产能，低水平重复建设现象加剧。此外，在车辆整体性能提升方面，还存在缺乏纯电动产品正向设计开发平台，整车轻量化和产品智能化水平不高，运行安全风险缺乏有效管控，新能源汽车国际知名品牌培育力度不足等问题。

二、动力电池回收利用问题亟待重视

目前，新能源汽车动力电池回收利用问题成为行业内的重大议题。据预测，到2020年我国新能源汽车保有量将超过500万辆，届时动力电池报废量将超过24.8万吨，大约是2016年报废量的20倍，将迎来"报废潮"。我国废旧动力电池整体回收率低，利用处置技术水平不高，资源浪费比较严重，不利于环保。首先，我国动力电池回收利用法律法规和标准尚不完善。目前还没有针对新能源汽车动力电池回收利用的专门立法，并且缺乏回收利用企业准入条件和管理办法；动力电池还未实现标准化，电池的形状、内芯构成形式以及外壳材料等均不相同，这为回收利用带来巨大的难度。其次，我国的动力电池回收利用体系不健全。缺乏动力电池回收、运输、拆解和综合利用等环节的管理制度，导致废旧电池回收行业无序竞争，回收过程环境污染和资源浪费等现象十分严重，给行业发展带来不利影响。再次，动力电池回收技术和工艺水平不高。一是国内的动力电池的回收工艺技术还处于探索阶段，以循环制造为目标的回收技术还没有开展。二是国内对动力电池的回收处理大多停留在废物处理阶段，资源回收再利用以及锂离子电池循环再制造技术的研究及产业化尚未开展，对锂离子电池回收所涉及的生产安全和环境问题没有有效的解决措施和装备保证。

三、充电设施建设无法满足车桩协同发展目标

2016年以来，我国新能源汽车充电基础设施已取得快速发展，截至2017年9月，我国公共类充电桩建设、运营数量共19.06万个，比2016年底新增44253个，北京、上海、深圳等城市建成规模化充电服务的网络。但与新能源

汽车市场需求量相比，仍然存在充电桩数量不足、布局不合理、维护不到位、老旧小区建桩难等问题，部分地区出现了不少"故障桩""僵尸桩"，成为影响新能源汽车行业发展的瓶颈因素。出现这些问题的主要原因首先是建设积极性不高。绝大多数城市没有出台明确的居民小区、停车场等停车设施配电方案，部分地区电网企业参与度不高；由于前期投入巨大，短期内无法产生明显收益，缺乏必要的政府财政资金扶持，相关市场主体投资建设意愿低，充电设施运营企业盈利能力较差。最后，充电设施的使用便利性有待提高。现有充电配套设施数量少，覆盖范围小，公共充电设施布局不合理，充电费用高，利用率低；机关企事业单位内部充电桩对社会开放程度不高；社会公共充电车位被传统车占用现象经常发生；消费者充电困难，对市场的带动作用不大。

四、产业发展环境有待进一步完善

一是新能源汽车推广应用已经进入关键阶段，目前的推广力度还不够，示范作用还没有充分发挥，公共领域和私人领域推广潜力尚有挖掘空间，相关扶持政策仍需加强顶层设计，做好统筹规划。二是中央各部门之间、中央与地方政策的衔接上仍有改进空间，一些地方政府主动作为还不够，有因申请流程较为复杂，造成充电设施改造奖补资金闲置的情况存在。三是对于新型商业模式的关注和支持不够，如共享租赁的停车场地问题、换电模式车辆的管理问题等。四是地方保护现象仍然存在。部分城市地方保护现象严重，还有一些地方设置了"小目录"，从研发、检测、申报等各个环节增加了大量经济与时间成本，直接降低了企业推广应用的积极性，造成了新能源汽车市场的割裂，影响公平竞争，还限制了消费者选择权，抑制了市场购买意愿。

第五章　航空行业

2017 年，我国民机研发取得重要进展，国产民机研发进入收获期，各级地方政府积极谋篇布局，产业形态呈多样化发展之势，国际合作如火如荼，通航产业高速发展，产能正在逐步提高。但同时，航空产业发展也面临技术差距较大、供需错位明显等问题，通用航空乱象显现、无人机安全状况不容乐观等也严重影响了我国航空产业进一步发展。

第一节　行业运行基本情况

一、民机研发进入收获期

2017 年，我国民用飞机研发取得重要进展，国产民机研发进入收获期。2017 年 5 月 5 日是我国航空工业发展史上值得被记住的日子，我国经过 9 年的创新实践自主研制的 C919 大型客机 101 架机在上海浦东机场圆满首飞；11 月，C919 顺利转场阎良开展试验试飞；12 月，102 架机在上海首飞成功。截至 2018 年 2 月，C919 大型客机的国内外用户达到 28 家，订单总数达到 815 架。

我国首款完全按照国际适航标准研制的涡扇喷气支线客机 ARJ21 于 2014 年 12 月取得中国民航局颁布的型号合格证（TC），2015 年 11 月，首架飞机交付成都航空公司，2016 年 6 月投入航线运营，开启了我国自主制造的喷气式客机航线载客的历史。2017 年 7 月，ARJ21 - 700 飞机取得中国民航局颁发的生产许可证（PC），标志着项目进入批量生产阶段。12 月 28 日，中国商飞公司在上海交付了第四架 ARJ21 支线喷气式客机，客户是成都航空公司。此前，前三架机已实现安全载客 3 万余人次，客座率超过 90%。

2017 年 4 月 29 日，我国自主研制的大型灭火/水上救援水陆两栖飞机 AG600 在珠海进行了首次地面滑行试验，随后 AG600 陆续成功完成首次低速滑行试验、中高速滑行试验，通过首飞技术质量评审会。AG600 在 2017 年 12 月 7 日取得特许飞行证之后，于 12 月 24 日成功实现首飞。AG600 水陆两栖飞机是继我国自主研制的大型运输机运－20、C919 大型客机之后，在大飞机研制领域取得的又一重大成果，填补了我国在大型水陆两栖飞机领域的研制空白，为我国大飞机家族再添一名强有力的"重量级选手"。

二、产业布局不断完善

经过几十年的发展，我国基本形成了干支线飞机、通用飞机、直升机、特种飞机的产业布局。地域分布情况为：上海和陕西主要依托现有骨干企业重点发展民用干支线飞机；天津和浙江舟山分别依托空客天津 A320 总装线以及波音 737 完工和交付中心发展干线飞机；哈尔滨、石家庄、珠海、成都和荆门地区利用当地优势主要发展大中型通用飞机、公务机以及特种飞行器；景德镇、哈尔滨和天津等地的企业发展大中型直升机；其他省、市和地区的航空产业园区和企业以发展轻小型通用飞机和直升机为主要目标。此外，深圳、北京、天津和武汉等地形成了无人机研制生产的区域中心。目前，我国民用无人机行业进入快速发展期。截至 2016 年底，在研和生产的民用无人机种类在 1000 种以上，主要应用以个人娱乐、航拍测绘、农林植保、公安消防、电力/石油巡线等为主。我国民用无人机行业特别是在消费级无人机领域在世界上具有较强的竞争力，产品除满足国内需求外，还远销美欧和其他亚洲国家，在世界市场上占有率超过 70%。

三、企业发展态势良好

2016 年，在纳入全国民用航空工业统计调查的 152 家企事业单位中，47 家隶属于中国航空工业集团公司（简称中航工业），其产值占全国民用航空产品产值的 15.1%。2016 年，中航工业实现经营收入 3712 亿元，同比增长 6.1%，实现利润 167.77 亿元，同比增长 7.8%。交付各类民机 50 架，其中，交付国际用户 3 架。6 家隶属于中国商用飞机有限公司（简称中国商飞公司），其产值占全国民用航空产品产值的 4.5%；13 家隶属于中国航空发动机集团公司（简称中国航发），其产值占 4.0%；5 家隶属于中国航天科工集团公司（简称航天科工），产值占 0.2%；1 家隶属于中国电子科技集团公司（简称中国电科），产值占 0.2%；其余 80 家产值占 76.0%。

表 5 - 1   2016 年民用航空产品收入排名（前十名）

名次	单位名称	2015 年排名
1	深圳市大疆创新科技有限公司（包含其下属子公司）	4
2	西安飞机工业（集团）有限责任公司	1
3	上海飞机制造有限公司	3
4	广州飞机维修工程有限公司	6
5	厦门太古飞机工程有限公司	2
6	西安航空发动机（集团）有限公司	7
7	哈尔滨飞机工业集团有限责任公司	—
8	深圳中集天达空港设备有限公司	8
9	沈飞民用飞机有限责任公司	9
10	通用电气航空系统（苏州）有限公司	10
注：不含空中客车（天津）总装有限公司		

资料来源：《中国民用航空工业年鉴 2017》，2018 年 1 月。

四、通航产业高速发展

2017 年，随着多项利好政策的出台，我国通用航空产业发展持续升温，市场信心进一步增强，推动通用航空发展的各路力量悉数集聚，发展形势总体向好。据中国民用航空局飞行标准司发布的《2017 年通用和小型运输运行概况》通告，截至 2017 年 12 月 31 日，我国有 270 家实际在运行的通用及小型运输航空公司，从业飞行人员 3326 名，航空器 1813 架，暂停或终止运行种类的通用及小型运输航空公司累计 58 家。2017 年，我国通用及小型运输航空公司航空器数量共计 1813 架，其中，中南地区 487 架、华东地区 375 架、华北地区 372 架、东北地区 292 架、西南地区 112 架、西北地区（不含新疆）99 架、新疆地区 76 架。另外，飞行学院航空器数量 241 架。全国通用航空行业完成通用航空生产作业飞行 80.8 万小时。

第二节　行业发展面临的问题

一、技术差距仍较大

众所周知，航空制造业标志着国家的顶尖制造技术水平，是多学科交叉、技术密集的高科技行业，集机械、电子、光学、信息科学、材料科学、生物科学、激光学、管理学等最新成就于一体，集现代科学技术成果之大成，有着引领整个装备制造业发展的作用。我国近几年成功研发了包括 C919、ARJ21 在内的多种机型，不断提高航空产品的自主化率，但与国际一流水平相比，部分产品核心技术仍然落后，尤其是核心产品，如发动机、关键材料和元器件等仍需依赖进口，对国外技术的依赖较强，受制于人。当今世界民用航空发动机领域基本上形成了 GE 公司、罗罗公司和普惠公司三足鼎立的局面。受基础研究薄弱，技术储备不足，试验设施不健全等因素制约，我国民用航空发动机整体科研水平和工业制造能力与欧美发达国家存在较大差距。这些成为我国民用航空工业发展的瓶颈。

二、供需错位较明显

中国人均 GDP 在 2011 年就达到了 4510 美元，从世界发展的历史和趋势来看，当一个国家的人均 GDP 超过 4000 美元时，将开启航空消费时代。2016年，波音公司发布了市场展望报告，预计未来 20 年内，中国市场需要 6810架新飞机，总价值高达 1.025 万亿美元，中国市场将成为全球首个万亿美元以上的飞机采购市场。航空消费时代的来临伴随着通用航空产业的发展，全社会各行各业对航空器的需求不断增长，航空急救、航空旅游、航空警务、航空摄影、工业航空作业、农林航空作业等领域需要大量的固定翼和旋翼飞机。然而，中国目前所需通用飞机大多只能从美国、加拿大、俄罗斯、巴西等国进口。国内飞机制造企业有限的供给无法满足国内庞大的市场需求，航空制造企业应通过技术提升和协同，通过引进、消化、吸收国外研发、制造技术，实现关键技术、关键领域的有效突破，从而提高国内供给，改变供需失衡的现状，促进民用飞行器国内供给与需求间平衡发展。

三、通用航空乱象显现

随着通用航空产业的高速发展，一些乱象显现出来。从通用机场建设来看，2017 年，新建成且获得民航局颁发运营许可的通用机场只有 5 座（不含直升机起降场），在建或已建成待颁证的机场有 10 座左右，新获批的待建机场不足 10 座。综观我国通用航空产业的发展，通用机场数量不足已成为制约我国通用航空发展的关键问题。实际上，地方政府以及社会资本都对通用机场建设表现出了很高的积极性。截至 2017 年底，各地陆续发布了通用机场建设规划；到 2020 年，在全国范围内，拟规划建设的通用机场有近 1000 座。但是，依照目前的建设节奏，实现这个目标的概率较小。同时，由于各地的规划缺少供需结合的系统分析，导致通用机场建设缺少与产业规划之间的衔接，与运输机场之间整体的协调发展也存在欠缺。

2017 年，我国共发生 38 起通用航空飞行安全事故，正经历着一个发展初期事故高发的"阵痛期"。同时，随着我国民用无人机的快速发展，民用无人机飞行安全问题也引起了社会各界的广泛关注。2017 年，我国发生了多起民用无人机入侵运输机场净空保护区影响航班运行的事件，解决无人机飞行安全问题已刻不容缓。

第六章　船舶行业

2017 年，《船舶工业深化结构调整加快转型升级行动计划（2016—2020 年）》和《海洋工程装备制造业持续健康发展行动计划（2017—2020 年）》正式发布。《行动计划》明确了"十三五"期间船舶工业深化结构调整加快转型升级的总体要求、重点任务和保障措施，引导船舶企业健康平稳发展，同时 2017 年也是国际船舶市场经过长时间调整后的回升之年。我国船舶工业紧密围绕产业政策，抓住市场回暖的有利时机，在全行业的艰苦努力下，取得了三大造船指标继续领先、产品结构不断优化、产业结构更加合理、产融结合更加深入、船配产业质量升级、国际地位不断提升的良好业绩。但受国际船舶市场深度调整的影响，"融资难""交付难""盈利难"等深层次问题依然存在，船舶工业面临的形势仍然严峻。

第一节　行业运行基本情况

一、全国造船三大指标两增一降

2017 年，全国造船完工 4268 万载重吨，同比增长 20.9%；承接新船订单 3373 万载重吨，同比增长 60.1%；12 月底，手持船舶订单 8723 万载重吨，同比下降 12.4%。

在世界造船三大指标中，2017 年，世界造船完工 9718 万载重吨，我国占比 39.1%，同比增长 8.9 个百分点；世界承接新船订单 7264 万载重吨，我国占比 44.4%，同比下降 24.7 个百分点；12 月底，手持船舶订单 19662 万载重吨，我国占比 44.8%，同比增长 4.2 个百分点。

二、船舶行业经济效益出现下降

2017 年 1—11 月，全国规模以上船舶工业企业 1407 家，实现主营业务收入 5900.4 亿元，同比下降 8.2%。其中，船舶制造业 2791.9 亿元，同比下降 5.9%；船舶配套业 845.3 亿元，同比下降 6.1%；船舶修理业 206.9 亿元，同比下降 26.2%；海洋工程专用设备制造业 416.9 亿元，同比下降 12%。

规模以上船舶工业企业实现利润总额 141.8 亿元，同比下降 15.9%。其中，船舶制造业 75 亿元，同比下降 35.4%；船舶配套业 45.3 亿元，同比下降 10.3%；船舶修理业 6.9 亿元，同比增长 38%；海洋工程专用设备制造业 7.7 亿元，实现扭亏为盈。

三、船舶出口保持增长

2017 年，全国完工出口船 3944 万载重吨，同比增长 17.9%；承接出口船订单 2813 万载重吨，同比增长 72.9%；12 月底，手持出口船订单 7868 万载重吨，同比下降 14.7%。出口船舶分别占全国造船完工量、新接订单量、手持订单量的 92.4%、83.4% 和 90.2%。

2017 年 1—11 月，我国船舶出口金额为 210.7 亿美元，同比增长 4.4%。出口船舶产品中，散货船、油船和集装箱船仍占主导地位，出口额合计 128.8 亿美元，占出口总额的 61.7%。船舶产品出口到 181 个国家和地区，仍然以亚洲为主。我国向亚洲出口船舶金额为 110.7 亿美元，占出口总额的 52.5%；向欧洲出口船舶金额为 41.2 亿美元，占 19.6%；向大洋洲出口船舶金额为 27.9 亿美元，占 13.2%。

四、产业集中度不断提高

船舶行业产业集中度进一步提高，前 10 家企业造船完工量占全国总量的 58.3%，比 2016 年提高 1.4 个百分点。新接订单向优势企业集中趋势明显，前 10 家企业新接订单量占全国总量的 73.4%；我国骨干船企优势明显，产业核心竞争力不断提升，有 5 家企业进入全球完工量前 10 强，有 4 家企业进入全球新接订单量前 10 强。

五、船配产业质量升级

2017 年，国际海事规则对绿色环保的要求进一步提高，船舶配套产业同样受到很大影响，尤其是在排放领域。为加快适应国际海事规则的新规范、新要求，满足航运业绿色环保的标准，我国船舶配套企业高度重视技术创新和产品研发，积极开拓新市场，并取得了一些可喜的成果。全球首台微引燃双燃料发动机、国内首台带自主研发高压选择性催化还原（SCR）系统船用低速柴油机、世界直径最大船用螺旋桨交付使用；自主研发具备主动升沉补偿功能的电驱动海洋绞车、CS21 船用中速柴油机、全航速减摇鳍、R6 系泊链、GCS1000 齿轮箱等产品技术填补国内空白，打破国外垄断；青岛双瑞 BalClor 系列压载水管理系统成为亚洲首家获得美国海岸警卫队（USCG）型式认可证书的产品。

第二节　行业发展面临的问题

一、"融资难"问题未能得到有效缓解

2017 年，造船产能相对过剩和交船难等问题使船舶和海洋工程装备建造企业风险依旧维持在高位，因为金融机构对船企依旧保持着谨慎的态度，甚至部分银行已经开始采取更加保守的行动，例如收紧授信或延长授信审批，这使得船舶和海洋工程装备建造企业融资难度进一步加大。尽管近两年国际航运市场有所回暖，但船舶工业整体仍处于低迷期，接单难导致行业价格战兴起，新船价格不断降低，首付款比例下调，同时弃船现象时有发生，因此船企现金流大幅萎缩，甚至很多大型骨干船企都存在着资金不足的难题。此外，国家已经出台金融政策支持船舶工业发展，但政策发挥作用以及金融机构对船舶市场恢复信心都需要时间，短时间内，船舶行业"融资难"问题难以得到有效缓解。

二、手持订单连续下降，去产能工作任重道远

近几年，鉴于船舶市场低迷，削减过剩产能一直是各主要造船国的主流行动，但产能削减速度一时还难以适应新造船市场需求的大幅收缩，现有的新接订单量还远远低于船企的正常生产需求。就手持订单总量而言，我国已经连续 4 年下降，形势正在逐步恶化；在船企方面，大部分企业的手持订单只能保证今后一年的工作量，能否保证企业订单长久持续进而实现连续生产是困难企业的一大难题，如何平衡市场需求与企业去产能的问题也是企业当前工作的重点。从具体需求来看，近年来全球新造船市场需求平均每年为8000 万载重吨，而我国承接订单比例在40%左右，即3200 万载重吨，对比我国船舶工业超过 6500 万载重吨的造船产能，产能利用率只能达到 50%左右，产能相对过剩和供需矛盾问题亟待解决。经过几年的努力，我国船舶工业去产能工作已取得了一些成果，但随着去产能工作的持续推进，去产能任务将越来越艰难。面对全球船市新常态以及产能过剩问题，唯有攻坚克难，坚持推进供给侧结构性改革，充分发挥市场在资源配置中的作用，努力做好去产能工作，我国船舶工业才能实现持续健康的发展。

三、综合成本快速上升，盈利空间大幅萎缩

2017 年，由于船企手持订单不断下降，开工船缺口增大等原因，导致全球新船市场订单的争夺异常惨烈。一方面，全球新造船市场需求量较少，船东刻意压低新船价格，新船建造完成后交付困难，船企受到双重压力。另一方面，2017 年以来，以船板为主的原材料价格持续高涨，平均涨幅超过40%，人民币兑美元汇率出现连续性上涨，企业财务费用增多，劳动力不足导致用工成本刚性上涨；企业改单延期交付现象增多，管理费用持续增长。船舶企业综合成本的快速上升大幅挤压了船企的利润空间，行业盈利水平大幅下降，可持续发展受到冲击。

四、外部环境持续恶化，在手项目风险加大

2017 年，国际知名海工运营商哈菲拉航运、潮水公司、法斯塔德航运等

申请破产或筹划债务重组对海工装备建造市场打击巨大，船企手持海工平台项目延期交付和弃船现象愈演愈烈，市场环境持续恶化。据统计，我国船企手持各类海工平台涉及合同终止和弃船项目明显增多，这些项目被船东反复要求延期交付，最终还是被弃船，对船厂生产经营造成极大影响。海洋工程装备产品定制化的特点，使之转手出售的难度极大，当前海工产业技术日新月异，船企在手海工项目的弃船风险不断集聚，交付形势尤为严峻。

区　域　篇

第七章　东部地区

东部地区作为我国高端装备制造业的主要集聚地，也是低端产业去产能工作任务的"主战区"，高端装备制造业整体增速快于装备制造业，在工业中所占比重不断提高，今后有望成为拉动工业经济增长的主动力，是当前制造业转型升级"最热的战场"。2017 年，东部省份出台诸多产业政策支持高端制造业发展。北京市印发实施《北京市"十三五"时期现代产业发展和重点功能区建设规划》，要大力发展战略性新兴产业和高端制造业，壮大新能源汽车、高端装备制造等相关产业。浙江省发布《浙江省高端装备制造业发展重点领域（2017 版）》，实时把握高端装备制造业发展脉络，进一步加快重点领域突破，着力破解制约高端装备制造业提升发展的关键核心技术、装备和材料瓶颈，提升高端装备制造业整体水平。上海市印发《上海促进高端装备制造业发展"十三五"规划》，推进上海市装备制造业高端发展，大力提升装备制造业发展水平和核心竞争力。广东省发布《广东省先进制造业发展"十三五"规划》《珠江西岸先进装备制造产业带聚焦攻坚行动计划（2018—2020 年)》等相关产业、区域发展规划，推动先进制造业加快发展，实现由制造业大省向制造业强省转变。2017 年，辽宁省、山东省、江苏省、广东省等东部省份装备工业均维持较高速增长，仍呈现智能化、高端化发展趋势，高端装备制造业发展再上新台阶。

第一节　2017 年整体发展形势

一、运行状况

2017 年，装备工业仍呈现智能化、高端化发展趋势，辽宁省、山东省、江苏省、广东省等东部省份装备工业均维持较高速增长。2017 年 1—11 月，辽宁省规模以上计算机、通信和其他电子设备制造业增加值增长 21.9%，铁路、船舶、航空航天和其他运输设备制造业增加值增长 20.2%。2017 年，山东省装备制造业增加值增长 11.0%，对规模以上工业的贡献率达 45.7%，新产业新技术保持快速发展态势。其中，工业机器人、城市轨道车辆、新能源汽车产量分别增长 11.4%、112.5% 和 359.1%。2017 年上半年，江苏省装备制造业增加值同比增长 10.7%，对规模以上工业增加值增长贡献率达 63.4%。11 月，全省装备制造业增加值同比增长 10.1%，快于规上工业 3.2 个百分点，先进制造业对工业的支撑作用日益凸显。2017 年前三季度，广东省装备制造业增加值 2398.5 亿元，同比增长 12.7%，新引进投资额亿元以上装备制造业项目 311 个。制造业企业"技术升级"热情高，仅 2017 年前 10 个月，广东工业技术改造投资 3960.1 亿元，同比增长 30.3%，占工业投资比重从 2016 年同期的 36.8% 提高到 43%。

二、发展特点

（一）高端装备制造业发展动力强劲

2017 年以北京、上海、江苏等地为代表的东部地区高端装备制造业频频破局，发展动力强劲，高端装备制造业整体增速快于装备制造业。大飞机 C919 成功下线试飞，高铁继续征战海外，新能源汽车开启人工智能模式，一大批"大国重器"正在开启东部地区高端装备制造业的新纪元。

（二）供给侧结构性改革深入推进，产业结构更"轻""优"

2017 年，东部地区各省市继续深化供给侧结构性改革，大力推进新旧动能转换重大工程，产业结构向更"轻""优"方向发展。以江苏省为例，2017 年全省加力增效供给侧结构性改革，加快调整产业结构，持续改善需求结构，装备工业转型升级、提质发展正进入新时代。昆山富士康"无人化"转型，正是"江苏制造"向"江苏智造""江苏创造"转型的缩影。在昆山富士康 FITABS 车间，基础人力由 2012 年的 2958 人下降到目前的 804 人，削减 73%，实现全过程智能化作业，产值较 2012 年提高 38.7%，人均产值更是跃升 140%。随着工业转型升级步伐加快，江苏省装备制造业加快发展，先进制造业对工业的支撑作用日益凸显。装备制造业中，通用设备、专用设备、电子、电气机械等行业增加值均保持两位数增长。与之形成鲜明反差的是，11 月，全省高耗能行业增加值同比仅增长 1.6%，对规上工业增长的贡献率只有 6.2%。

（三）政策引导促进产业做大做强

得益于良好的科技、产业、经济、区位等优势，东部省份出台了诸多政策支持高端装备制造业发展，促进产业做大做强。

北京市高端装备制造业在人才、技术、产业等各方面都具备独有的优势，具有较强的自主创新能力，正向高端装备研发、服务中心发展。2017 年初，北京印发实施《北京市"十三五"时期现代产业发展和重点功能区建设规划》，指出要大力发展战略性新兴产业和高端制造业，壮大新能源汽车、高端装备制造等相关产业。

浙江省将高端装备制造业作为装备制造业转型升级的关键。2017 年，浙江省经信委组织力量对《浙江省高端装备制造业发展重点领域（2016 版）》进行了修订完善，形成了《浙江省高端装备制造业发展重点领域（2017 版）》，实时把握高端装备制造业发展脉络，进一步加快重点领域突破，着力破解制约高端装备制造业提升发展的关键核心技术、装备和材料瓶颈，提升高端装备制造业整体水平。

上海市一直将高端装备制造业作为重点发展领域，出台了一系列具体的政策支持高端装备制造业的发展。2017 年 2 月，上海市经信委印发《上海促进高端装备制造业发展"十三五"规划》，推进上海市高端装备制造业发展，大力提升装备制造业发展水平和核心竞争力。2018 年初，上海市经信委发布《关于组织实施 2018 年度上海市高端智能装备首台突破和示范应用专项的通知》，一是采取无偿资助方式，每个项目支持比例不超过首台装备销售合同金额的 30%，支持金额不超过 3000 万元；二是采取保费补贴方式，实际投保费率按 3% 的费率上限及实际投保年度保费的 80% 给予补贴。

广东省先后发布《广东省人民政府办公厅关于加快先进装备制造业发展的意见》（2014）、《珠江西岸先进装备制造产业带布局和项目规划》（2015），《广东省智能制造发展规划（2015—2025 年）》（2015）、《珠江西岸先进装备制造产业带布局和项目规划（2015—2020 年)》（2015）、《广东省先进制造业重点产业发展"十三五"规划》（2016）、《广东省先进制造业发展"十三五"规划》（2017）、《珠江西岸先进装备制造产业带聚焦攻坚行动计划（2018—2020 年)》（2017）等相关产业、区域发展规划，并发布提供相关的专项资金支持和财政政策实施细则。

三、发展经验

（一）自主创新支撑产业转型升级

实施自主创新驱动发展战略是突破高端装备制造业发展瓶颈的必经之路，是拉动实体经济快速发展的必然选择，也是我国由制造大国向制造强国转变的重大举措。依托自主创新，东部地区实现了装备制造业转型升级的重大突破。在基础领域，优质冷轧矽钢片、大型电站锻件、高压绝缘套管、变压器出线装置等关键基础件、核心零部件的国产化工作取得新进展，替代进口。在核电领域，哈电集团自主研制的核反应堆冷却剂泵组设备通过验收，1000kV 出线装置、"华龙一号"主管道和主蒸汽安全阀、第三代核电站 1E 级停堆断路器屏通过鉴定。重大装备领域，杭氧集团为宁煤 400 万吨煤制油项目提供的 6 套 10 万立方米超大型空分装置及沈鼓集团研制的国内首套大型空分压缩机组正在现场安装调试，沈鼓集团研制的我国首台套 120 万吨/年乙烯三机试车成功，东北炼化工程公司研制的国内首台大直径聚乙烯离心机设备通过验收，中铁工程集团自主研发制造的世界最大断矩形顶管机下线。

（二）注重区域协同发展

依托核心区域带动、周边区域协同的发展方式，我国已经初步形成了环渤海地区、长三角地区、珠三角地区三大高端装备制造产业带。

按照京津冀区域整体功能定位和具体的功能定位，北京积极优化三产结构，发挥科技创新中心作用，加快构建高、精、尖经济架构，着力发展服务经济、知识经济和绿色经济。天津大力发展生物医药、节能环保和航空航天等战略性新兴产业以及金融、航运物流、服务外包等现代服务业，积极发展高端装备制造业，打造全国先进制造研发基地和生产性服务业集聚区。河北承接首都产业功能转移和京津科技成果转化，大力发展先进制造业、现代服务业和战略性新兴产业，建设新型工业化基地和产业转型升级试验区。

长三角地区以上海张江高新技术产业开发区为核心，联合上海周边城市和长三角域内城市，共同打造智能装备制造及航空、造船、海洋工程等产业集群。江苏的高端装备制造业发展水平居全国前列，主要分布在南京、常州和南通，以卫星应用、轨道交通、海洋工程和航空装备为特色。上海因得益于发达的经济基础和良好的区位条件，在民用航空产业、智能制造装备与海洋装备产业制造领域发展前景广阔。浙江的产业特色是轨道交通装备零部件业和数控机床产业。近些年，在国家政策的大力支持下，长三角地区形成一大批有装备制造业特色的产业园区。

珠江西岸是广东装备制造业的高度聚集区，拥有电器机械、海洋工程、通用航空、智能制造等一批竞争优势明显、支撑带动作用较强的主导产业。2017 年，珠江西岸先进装备制造产业带建设取得丰硕成果，装备制造业占全省的比重由 2014 年的 34% 提高到 2017 年的 41%。2017 年 12 月，广东省经信委印发的《珠江西岸先进装备制造产业带聚焦攻坚行动计划（2018—2020年)》指出，2018—2020 年，珠江西岸装备制造业累计实现工业增加值 12000亿元左右，年均增长 12%，其中工作母机类制造业年均增长 18%。到 2020年，推动珠江西岸迈入全球制造业第二梯队，力争工作母机类制造业、机器人、新能源汽车产业领跑全国，将珠江西岸地区打造成装备制造业产值 2 万亿元、具有世界影响力和国际竞争力的先进装备制造业基地，争创"中国制造 2025"国家级示范区。

第二节 重点省份与城市发展情况

一、辽宁省

辽宁省从强化顶层设计入手，突出产业政策的引领作用，积极贯彻落实《中国制造 2025》，推动装备制造业转型升级，力求以产业规划和政策引领全省工业发展。近年来，先后制定出台了《辽宁省装备制造业重点领域发展指导意见》《关于推进工业供给侧结构性改革的实施意见》《工业八大门类产业发展政策》《中国制造 2025 辽宁行动纲要》及《辽宁省智能制造工程实施方案》等一系列政策意见，明确发展思路，提振发展信心。

2017 年，辽宁省进一步落实新发展理念和"四个着力""三个推进"要求，加快推动装备制造业向智能化、高端化转型，带动传统产业悄然嬗变，在"中国制造"大变革的新时代抢占先机。2017 年 2 月，辽宁省政府出台《辽宁省沈大国家自主创新示范区"三年行动计划"（2017—2019 年）实施方案》，对任务、项目和措施进行细化量化，进一步聚焦国务院批复的"东北老工业基地高端装备研发制造集聚区、转型升级引领区、创新创业生态区、开放创新先导区"发展目标。指出从 2017 年到 2025 年，连续实施 3 个"三年行动计划"，将沈大自创区建设成为东北老工业基地高端装备研发制造集聚区、转型升级引领区、创新创业生态区、开放创新先导区。2017 年 12 月，辽宁省委十二届五次会议审议通过了《中共辽宁省委关于高举习近平新时代中国特色社会主义思想伟大旗帜深入学习贯彻党的十九大精神加快辽宁老工业基地振兴的实施意见》，指出要建设具有国际竞争力的先进装备制造业基地、重大技术装备战略基地等五大基地，实现东北振兴发展，努力建设现代化经济体系。在高端装备引领下，辽宁装备制造业稳步上升。1—9 月，全省装备制造业累计工业增加值占全省工业的 31.8%，行业利润同比增长 29.5%。其中，高端装备制造业占全行业比重达到 18%，比上年底提高 0.8 个百分点，进入新时代，辽宁装备制造踏上新征程。

二、山东省

山东省积极应对国内外发展环境变化，新旧动能持续转换，大力推进供给侧结构性改革，着力扩大总需求，加大基础设施建设力度，各项政策措施落地，对工业装备、零部件需求明显增多。2017年，工业经济延续总体平稳、稳中有进、进中向好的运行走势，整体呈现出结构优化、动能转换、质效提升的良好态势，工业高质量发展成效明显，多项指标走在全国前列。装备制造业增加值增长11.0%，高于规模以上工业平均增速4.1个百分点，高于高耗能行业7.4个百分点，对规模以上工业的贡献率达45.7%，取代资源、能源类行业，成为工业增长的主引擎。其中，工业机器人、城市轨道车辆、新能源汽车产量分别增长11.4%、112.5%和359.1%。

山东省积极贯彻实施《中国制造2025》，努力打造中国制造"山东版"，新旧动能转换开局起势，制造强省战略纵深推进。2017年3月，省政府印发《山东省"十三五"战略性新兴产业发展规划》，提出重点建设烟台、潍坊、日照、菏泽等智能机器人产业园，推进智能机器人及相关系统和关键零部件研发产业化，加快提升先进生产制造和服务智能化水平。围绕高速列车、地铁等轨道交通装备需求，建设具有国际先进水平的青岛、潍坊轨道交通装备生产基地。以省科学院、山东力创等为依托，加快高档仪器仪表开发和产业化示范应用。加快通用航空产业布局，提升整机制造和配套服务能力，重点推进滨州、莱芜、潍坊、烟台等通用航空产业园区建设。2017年，山东省经信委建立工业新旧动能转换重点项目库，编制2017年全省重点产业技术改造投资指南和重点技术改造项目导向目录，在全国率先出台企业技术改造领域的地方性法规《山东省企业技术改造条例》，高端装备、智能制造等方面密集出台30多个政策文件。启动支柱产业集群三年培育计划和主导产业集群转型升级行动，首批培育支柱产业集群7个、主导产业集群7个，新培育3家国家级新型工业化产业示范基地，青岛市获批创建"中国制造2025"试点示范城市。

三、江苏省

江苏省是我国装备制造业强省，无论是规模实力，还是区域综合竞争力，都稳居全国首位。围绕促进制造业转型升级需求，进一步壮大新兴装备制造业，提升传统装备制造业，推动整机成套装备与零部件产业、基础制造产业协同发展，加快构建门类齐全、功能完整的装备制造产业新体系，依据《中国制造2025江苏行动纲要》和《江苏省国民经济和社会发展第十三个五年规划纲要》，2017年5月，省政府办公厅印发《江苏省"十三五"智能制造发展规划》，着力发展高端智能制造装备，培育智能制造生态体系，构建智能制造支撑服务体系，强化智能制造基础设施建设，推进智能制造试点示范，支持重点行业智能转型。推动制造业供给侧结构性改革，促进生产方式向定制化、分布式、服务型转变；进一步加快信息技术在制造业的集成应用，降低生产成本、减少能源资源消耗、缩短产品开发周期，有效提高生产效率和产品质量；推进制造业向中高端迈进，提升江苏制造业竞争力和可持续发展能力，加快智慧江苏和制造强省建设。另外，省经信委发布《2017年智能制造推进工作计划》，进一步落实智能制造发展规划和工程实施方案任务，指导全省分行业、分区域、分阶段有序推进智能制造，进一步推动制造业与互联网融合发展，使智能制造成为引领全省经济增长的新动能，制造强省建设的主战场。

2017年，江苏省深化供给侧结构性改革显效，产业结构调整更"轻""优"，产业布局不断优化，创新体系逐步完善，全省装备产业规模总量稳步增长，企业实力显著增强，航空航天装备、轨道交通装备、智能制造装备、高端专用装备等高端装备制造业实现快速发展。2017年上半年，全省装备制造业增加值同比增长10.7%，对规模以上工业增加值增长贡献率达63.4%。节能装备制造实现主营业务收入1235.23亿元，同比增长10.98%；环保装备制造实现主营业务收入538.97亿元，同比增长11.3%。11月，全省装备制造业增加值同比增长10.1%，快于规上工业3.2个百分点，先进制造业对工业的支撑作用日益凸显。

四、广东省

装备制造业是广东省的支柱产业，一直保持平稳快速发展态势。广东省装备制造业与其所处沿海地区的主导产业的发展息息相关，呈现出总量大、门类齐全、以轻型为主的发展特点。2017 年前三季度，广东省装备制造业增加值 2398.5 亿元，同比增长 12.7%，新引进投资额亿元以上装备制造业项目 311 个。制造业企业"技术升级"热情高，仅 2017 年前 10 个月，广东工业技术改造投资 3960.1 亿元，同比增长 30.3%，占工业投资比重从 2016 年同期的 36.8% 提高到 43%。先进制造业增加值占规模以上工业比重达 53.2%，先进制造业发展亮点颇多。例如，新增应用工业机器人 2 万台，保有量约占全国 1/5；扶持 60 家机器人重点企业发展，工业机器人产量增长 47.8%。伴随着制造业转型升级的深入，广东工业机器人消费大省、工业机器人产业大省的地位继续得到巩固。此外，2017 年广东一共新开工中兴智能汽车等 165 个亿元以上项目，新投产哈工大机器人等 137 个亿元以上项目。从投入看，2017 年广东完成"技术改造三年行动计划"，一共推动超过 2 万家规上工业企业开展技术改造，累计完成工业技改投资 1.15 万亿元；2017 年全年工业投资 1.2 万亿元，增长 10% 左右；工业技术改造投资 4900 亿元，增长 27% 左右。

广东省推动先进制造业加快发展，实现由制造业大省向制造业强省转变。2017 年 2 月，省经信委、省发改委印发实施《广东省先进制造业发展"十三五"规划》，着力推进制造业供给侧结构性改革，充分发挥制造业和信息化发展的基础优势，顺应"互联网 +"发展趋势，立足市场需求，突出问题导向，以先进装备制造业为突破口，以智能制造为核心和主攻方向，以深化先进制造业与互联网融合发展为切入点，培育创新发展新动能，改造提升传统动能，强化工业基础，注重集成应用，坚持走"高端化、智能化、绿色化、服务化"和"科技、金融、产业融合创新"的发展道路，推动先进制造业大发展，带动全省制造业转型升级，加快实现由制造业大省向制造业强省转变。

广东省大力发展珠江西岸先进装备制造产业带，壮大工作母机类制造业，培育龙头骨干企业，支持产业聚集区建设，珠江西岸"六市一区"成为"中国制造 2025"试点示范城市群。近年来，珠江西岸先进装备制造产业带建设取得丰硕成果，装备制造业占全省比重由 2014 年的 34% 提高到 2017 年的 41%。作为珠江西岸核心城市，珠海装备制造业加快发展、率先发展战略的效果开始逐步显现。2017 年，珠海装备制造业增加值达 500 亿元，同比增长

18%，先进制造业和高技术制造业增加值占规上工业增加值比重提升到54%和29.8%。"海陆空＋智能制造"在这里集聚并进。目前，珠海拥有海洋工程装备、航空航天、生物医药3个国家新型工业化产业示范基地，拥有智能制造、新能源客车等省级战略性新兴产业基地，培育和引进了60个智能装备生产企业，研制生产了100多种智能装备。

第八章　中部地区

近年来，中部地区的装备制造业保持持续较快发展态势。2017年1—11月，河南省装备制造业增加值同比增长14.3%，增速高于上年同期的11.6%，并且高于全省规模以上工业平均增速（8.1%），领先全国装备制造业平均增速（11.4%）；在电力、盾构、农机和矿山装备等领域居于全国领先地位。2017年全年，安徽省装备制造业实现主营业务收入15931.9亿元，同比增长12.6%；装备制造业增加值同比增长13.1%；实现利润864.3亿元，同比增长12.2%；光缆、新能源汽车、太阳能电池、光纤和工业机器人产量分别增长58.2%、51.3%、38.9%、34.3%和33.2%。2017年1—11月，湖北省装备制造业增加值同比增长12.8%，占全省规上工业增加值比重为32.7%，对全省规上工业增加值增长的贡献率达50%；作为我国的老工业基地，湖北省已形成以交通运输设备制造业为引领，以通用设备制造业、电气机械及器材制造业等为支撑的装备制造业发展体系。2017年全年，山西省工业发展稳步向好态势明显，装备制造业的主营业务收入达1972亿元，同比增长22.0%；实现利润73.9亿元，同比增长108.2%；装备制造业作为山西省转型升级的重要抓手，其增加值增长10.8%。其中，汽车制造业、重型装备制造业、通信设备制造业和新能源装备制造业分别同比增长95.7%、18.5%、8.7%和－22.3%，其他装备制造业增长10%。2017年全年，湖南省装备制造业增加值同比增长14.2%，增速高于上年的11.1%，并且高于全省规模以上工业增加值增速（7.3%），对全省规上工业增加值增长的贡献率达54.8%。其中，汽车制造业，计算机、通信和其他电子设备制造业，通用设备制造业，仪器仪表制造业，电气机械和器材制造业分别同比增长44.8%、18.3%、16.9%、12.8%和10.3%。

第一节　2017 年整体发展形势

一、运行状况

2017 年 1—11 月，河南省装备制造业增加值同比增长 14.3%，增速高于上年同期的 11.6%，并且高于全省规模以上工业平均增速（8.1%），领先全国装备制造业平均增速（11.4%）；在电力、盾构、农机和矿山装备等领域居于全国领先地位，在数控机床、机器人、节能环保装备、轨道交通装备等 4 个新兴产业正在实现突破。分行业看，在增加值方面，2017 年 1—10 月，专用设备制造业增长 15.9%，电气机械和器材制造业增长 13.6%，通用设备制造业增长 13.0%，汽车制造业增长 12.9%，铁路、船舶、航空航天和其他运输设备制造业增长 7.1%，计算机、通信和其他电子设备制造业增长 5.0%，电力、热力生产和供应业增长 0.1%。

2017 年全年，安徽省装备制造业实现主营业务收入 15931.9 亿元，同比增长 12.6%；装备制造业增加值同比增长 13.1%；实现利润 864.3 亿元，同比增长 12.2%；光缆、新能源汽车、太阳能电池、光纤和工业机器人产量分别增长 58.2%、51.3%、38.9%、34.3% 和 33.2%。新能源汽车生产和销售推广分别为 6.76 万辆、6.51 万辆（标准车），同比分别增长 51.3% 和 46.9%；推广应用工业机器人 3400 台，超额完成全年目标（3000 台），生产工业机器人 8000 余台。

2017 年 1—11 月，湖北省装备制造业主营业务收入增长 16.1%，增加值同比增长 12.8%，占全省规模工业增加值比重为 32.7%，对全省规上工业增加值增长的贡献率达 50%；作为我国的老工业基地，湖北省已形成以交通运输设备制造业为引领，以通用设备制造业、电气机械及器材制造业等为支撑的装备制造业发展体系；其中，汽车、铁路船舶航空航天设备制造、电气机械、电子设备制造、医药行业增速分别增长 14.5%、11.1%、18.1%、16.1%、14.6%，领跑全省工业。装备制造业利润增长 15.1%，同比、环比分别加快 3、1.9 个百分点，税金增长 14.4%。分行业看，汽车制造业受益于东风本田、上海通用的持续较快发展，主营业务收入和利润总额分别增长 21.1% 和 21.3%，同比加快 11.9%，环比加快 0.7%，税金增长 14%。电子设备制造业受行业补助减少及部分重点企业增长乏力等因素影响，主营业务收入增长 17%，利润总额下降 32%，税金增长 48.1%。机械行业在仪器仪表、电气机械等子行业带动下，主营业务收入增长 10.9%，利润总额增长 22.5%，环比加快 7%，税金增长 11.9%。

2017 年全年，山西省工业发展稳步向好态势明显，装备制造业的主营业务收入 1972 亿元，同比增长 22.0%；实现利润 73.9 亿元，同比增长 108.2%；装备制造业作为山西省转型升级的重要抓手，装备制造业增加值增长 10.8%，其中，通信设备制造业、汽车制造业、重型装备制造业、新能源装备制造业和其他装备制造业分别同比增长 8.7%、95.7%、18.5%、－22.3% 和 10%。主营业务收入方面，通信设备制造业、汽车制造业、重型装备制造业、新能源装备制造业和其他装备制造业分别同比增长 16.3%、81.8%、－15.9%、40.0% 和 16.2%。利润总额方面，通信设备制造业、汽车制造业、重型装备制造业、新能源装备制造业和其他装备制造业分别同比增长 5.8%、4.9%、0.1%、－1.7% 和 29.4%。分产品看，新能源汽车产量增长 1.5 倍，光伏电池增长 30.6%，光缆增长 21.4%。

2017 年全年，湖南省装备制造业增加值同比增长 14.2%，增速高于上年的 11.1%，并且高于全省规模以上工业增加值增速（7.3%），对全省规上工业增加值增长的贡献率达 54.8%。其中，汽车制造业，计算机、通信和其他电子设备制造业，通用设备制造业，仪器仪表制造业，电气机械和器材制造业分别增长 44.8%、18.3%、16.9%、12.8% 和 10.3%。分产品看，智能手机、太阳能电池、锂离子电池和新能源汽车等新兴工业产品产量同比分别增长 2691.3%、75.9%、21.2% 和 17.6%。

二、发展特点

（一）河南省培育单项冠军企业效果显著

河南省近年来加大对装备制造业单项冠军的扶持力度，倡导树立"十年磨一剑"的工匠精神，引导企业加大研发投入和人才队伍建设，支持"专精特新"企业发展，提升企业的创新能力和市场竞争力。2016 年，中信重工（矿物磨机）、中国一拖（大中型拖拉机）和中南钻石（人造金刚石）等企业入选工信部公布的第一批全国制造业单项冠军示范企业。2017 年，宇通客车（大中型客车）、中铁装备（全断面隧道掘进机）、威猛震动（振动筛）和卫华集团（通用桥式起重机）等企业相继入选第二批全国制造业单项冠军示范企业。通过各装备制造业单项冠军的带动，电力装备、盾构装备、农机装备和矿山装备等正成为河南省装备制造业的名片。

（二）安徽省推动智能制造成绩斐然

安徽省大力推动企业的智能制造和转型升级，贯彻实施制造强省战略，装备制造业保持健康快速的发展态势。在国家级项目层面，2017 年全省有 11个项目获得工信部 2017 年智能制造专项，位居全国第四位；有 9 个项目获得工信部智能制造试点示范项目，位居全国第二位。在省级项目层面，2017 年认定省级智能工厂 25 个、数字化车间 104 个、首台（套）重大技术装备保险补贴项目 28 个、工业机器人项目 27 个；组织实施首台（套）重大技术装备研制项目 207 个，项目总投资 34.5 亿元；组织实施重点智能制造项目导向计划 283 个，项目总投资 275.4 亿元。

（三）湖北省发展优势产业日渐突出

湖北省以信息光电子、高端数控装备、海洋工程装备、汽车等产业为依托，推动成立省级制造业创新中心，推进企业、科研院所和金融资本的融合，力图培育出一批世界级先进制造业集群，加速形成湖北"智"造新局面。2017 年，华中数控和三丰智能入选工信部发布的第一批 23 家智能制造系统解决方案供应商推荐名录。信息光电子方面，湖北省武汉市已引进 50 多个项目，总投资额达 2000 亿元，包括全球最大的 3D NAND 存储芯片研发和生产基地与华星光电第六代低温多晶硅面板生产线项目。高档数控装备方面，华中数控开发了具有自主知识产权的数控系统和伺服电机驱动系统，其中，五轴联动数控产品成功打破了国外的技术封锁。海洋工程装备方面，武船重工通过融合造船和造桥技术，10 年内建造大型钢结构桥梁 160 座，包括港珠澳大桥等。汽车产业方面，2017 年 1—8 月，湖北省汽车产量达到 163.5 万辆，同比增长 12.4%。

（四）湖南省巩固传统产业，发展新兴产业互相促进

湖南省的传统优势产业包括：工程机械、电工电器、汽车制造业和矿山机械等。近年来，轨道交通、中小型航空动力、新能源汽车等新兴产业蓬勃壮大。因此，湖南省形成了传统产业和新兴产业互相促进、齐头并进的良好发展态势。传统产业方面，工程机械制造业依靠中联重科、三一重工和山河智能等龙头企业带动，占据国内领先位置。新兴产业方面，中车株机、株洲时代和中国铁总引领轨道交通产业；依托中国航发动力所等航空企业，湖南省已成为国内唯一的中小型航空发动机研制基地和飞机起降系统研制基地；新能源汽车产业中，锂离子电池和新能源汽车等产品产量，2017 年同比分别增长 21.2% 和 17.6%。

三、发展经验

（一）河南省推动先进制造业强省行动

一是河南省未来十年谋划实施九大重点工程。包括：先进制造示范、集群引进和培育、智能制造、制造业创新能力提升、技改提升、质量品牌提升、绿色制造、制造业人才提升和制造业金融扶持等。九大重点工程聚焦先进制造业发展的重要指标，相辅相成，互相促进。

二是河南省采取"六位一体"的发展模式。包括：建立推进机制、产业创新联盟、产业发展引导基金、产业示范基地、人才实训基地以及标志性产品和重大技术装备等。提出力争到 2020 年，研发并实际应用 500 个首台（套）重大装备，培育 10 个制造业示范基地。

（二）安徽省紧抓五大环节支撑制造强省

一是培育新企业。安徽省组织实施民营经济提升工程，鼓励开展"双创"活动，在打造大企业、大集团的同时，着力培育中小企业。目标是每年培育"专精特新"企业 500 家，争取到 2021 年规模以上企业 2.7 万家。

二是发展新制造。开展"机器换人"行动，推动智能制造和数字化改造，重点突破高档数控机床、工业机器人、增材制造、智能传感与控制、智能检

测与装配装备等，打造一批智能工厂和数字化车间。

三是增加新供给。从供给侧发力，大力支持开发新产品，实施"三品"战略，提高企业和产品的知名度和市场竞争力。目标是每年培育省级新产品500项、工业精品100项。

四是探索新路径。在继续发展传统优势产业的同时，着眼新兴产业和未来产业，抢占市场新高地，培育市场新动能。新兴产业方面，瞄准智能语音、智能家电、新能源汽车、工业机器人和电子信息等产业。未来产业方面，瞄准区块链、人工智能、车联网、智能网联汽车、虚拟现实、量子通信等产业。

五是建立新机制。形成上下联动、齐抓共管的长效管理机制，借鉴和学习制造强省和强市的先进经验，实现政府管理效率的最大化。

（三）山西省加快创建省级制造业创新中心

一是明确创新中心定位与功能。定位为以企业为主体，以协同创新为导向，由企业、科研院所和金融机构等自愿组合，形成省级创新载体。功能为加强产业共性关键技术和先进适用研发，促进技术输出和实现产业化应用，加强制造业创新人才队伍建设，开展知识产权和标准工作以及营造创新成果商业化应用的生态环境。

二是提出重点领域和创建方式。重点领域以智能制造及高端装备制造业、新材料、新兴潜力产业和基础产业等为基础。创建方式按照"启动一个、试点一个、建设一个、验收一个"的模式创建。

三是突出管理和运行。在组织结构、运行机制、经营机制、协同模式、评估等方面进行严格管理，探索高效协同创新模式的健康运行。

（四）湖北省大力发展装备制造新动能

一是推动跨界融合。在汽车产业中，推动汽车企业与互联网企业开展技术合作，开发辅助驾驶、智能互通的智能网联汽车；推进北斗系统与汽车制造业的深度融合，实现产业间的合作开发。

二是推动产学研结合。华中科大联合华中数控、开目软件等单位，开发了具有自主知识产权的国产智能装备，打破国外垄断，研发团队与劲胜精密联合申报的移动终端金属加工智能制造新模式，入选工信部公布的智能制造专项项目。采用智能装备后，劲胜精密的产品开发周期由原来的120天缩减到 80 天，产能提升 15%，人力精简 83.8%。

第二节　重点省份与城市发展情况

一、湖北省

（一）医疗装备高端化发展趋势明显

一批高端医疗器械制造企业快速发展，龙头企业发展势头良好，武汉华大基因、药明康德、康圣达主营业务收入均超过 5 亿元。盛齐安开展创新医疗技术的临床应用，可控式胶囊内窥镜、十八导心电图机、循环肿瘤细胞捕获仪等一批世界领先的医疗装备投放市场。

（二）汽车制造业呈集群发展态势

十堰市商用车及零部件产业集群优势突出，产品覆盖重、中、轻、微、客、专用车、新能源等商用车的全系列范围。襄阳市汽车及零部件产业集群稳步发展，逐渐成为全国重要的轻型商用车、中高档乘用车和新能源汽车制造基地。

（三）轨道交通装备全速前进

湖北省以武汉、襄阳为轨道交通发展集聚区，推动企业掌握核心技术和提高市场竞争力，近年来已形成轨道交通集群化发展态势。其中，货车生产已在全球占据领先地位，地铁车辆已实现本地化制造。

（四）通用航空产业加速布局

湖北省在武汉、随州、荆门、仙桃和沙市等地已开通 5 个通用机场，未来规划开通 10 个以上的通用机场，作为发展通用航空产业的基础保障设施。全省目前拥有通用飞机制造、零部件生产和维修企业 10 家左右，卓尔航空于 2017 年 3 月收购捷克领航者飞机公司，具备了国际领先的轻型飞机研发和制造能力。

二、湖南省

（一）汽车行业发展取得新突破

2017年，湖南省汽车产能超过百万辆，取得历史性突破。目前，全省的汽车整车生产和改装能力已超过220万辆。2017年1—11月，汽车行业对全省规模以上工业增长的贡献度为20.2%，增加值增长42.2%。

（二）工程机械行业止跌企稳

得益于"一带一路"建设和企业自身竞争力的提升，湖南省工程机械行业实现复苏。中联重科预计2017年净利润或超过13亿元，其推出的新一代智能、绿色4.0产品成为利润增长点，在4.0产品中起重机的销售收入占比超过60%。三一重工预计2017年净利润超20亿元，挖掘机械、混凝土机械和起重机械的销售大幅增长。

（三）轨道交通行业持续发力

湖南省依靠轨道交通行业多年集聚的研发优势、产业集群优势和合作基础，形成一批诸如中车株所、中车株洲电机等轨道交通产业上下游领军企业，形成完整的产业链条，本地配套化率已达70%。2017年9月，轨道交通装备制造业创新中心落户湖南省株洲市。10月，全球首列智轨列车在株洲市上路。

（四）电工电器装备产业巩固优势

电工电器产业是湖南省的传统支柱产业，已形成衡阳电气产业集群，超高压交流输变电技术已实现由高压向超高压、特高压转变，达到国内最高的1200kV特高压等级。湖南省提出，到2020年，全省电工电器装备产业产值达到2600亿元，年均增长10%的发展目标，重点发展风电、水电、太阳能发电等发电设备、输变电设备和配电设备。

三、安徽省

（一）新能源汽车推广效果初显

2017年，安徽省新能源汽车产销分别为6.76万辆和6.51万辆，同比分别增长51.3%和46.9%，超额完成全年产销2.2万辆的目标。江淮大众新能源汽车项目获得国家发改委批复立项，首款产品正在加速研发推进中。

（二）工业机器人发展势头强劲

2017年，通过实施机器换人"十百千"工程，工业机器人在机械、钢铁、石化、建材、冶金和汽车等行业中得到大规模应用，推广应用工业机器人3400台，超额完成全年推广3000台的目标，生产工业机器人8000台。

（三）电子信息制造业飞速发展

2017年，安徽省规模以上电子信息制造业产值首次突破4000亿元，同比增长20%，连续两年迈上新千亿元台阶。电子信息制造业增加值占全省工业增加值比重达8.5%，对工业增长的贡献率居于各行业首位。具体表现为：新型显示行业支撑带动作用明显，集成电路、锂离子电池等新兴行业高速增长，智能整机提速发展等。

（四）机械工业稳步提升

2017年1—10月，安徽省机械工业规模以上企业完成工业总产值8878.4亿元，同比增长5.9%。工程机械方面，生产叉车101529台，同比增长40.1%；液压挖掘机10651台，同比增长22.2%；汽车起重机601台，同比增长169.5%。

第九章　西部地区

西部地区装备工业总体实现平稳增长，产业规模不断扩大。四川、陕西、重庆、贵州等地区继续保持较高速增长。但重点行业分化严重，西部地区主导产业、高端装备制造、新能源汽车等普遍增长较快，但传统产业增速较低甚至下滑明显。出口情况不容乐观，由于全球经济复苏疲弱，国内低成本优势削弱等原因限制了外需增长，直接影响了西部各省份装备制造业的出口规模和效益。总体来看，西部地区装备工业发展问题仍然突出，一是市场需求依然不足，投资增速明显放缓。二是创新能力还不足，产品竞争力有待提升。三是结构调整形势仍然严峻。四是企业生产经营困难。从发展经验来看，随着《中国制造2025》的推进，西部地区各省市地方政府积极对接国家政策，细化实施方案。推进产需对接，落实重大项目。各省市结合本地特点，积极提升装备制造业竞争力，积极组织企业申报国家重大专项和重大产业化工程项目，抓好政策的贯彻落实。

第一节　2017年整体发展形势

一、运行状况

（一）总体实现平稳增长

产业规模不断扩大，总体平稳运行。四川、陕西、重庆、贵州等地区继续保持较高速增长。四川省装备制造产业2017年上半年同比增长11%，比全省工业增速高2个百分点，其中，四川轨道交通产业产值实现了50%的高增速。陕西省前三季度非能源工业增加值同比增长13.1%，其中，装备制造业

增长 18.2% 。2017 年，重庆市规模以上工业增加值按可比价格计算同比增长
9.6% 。其中，制造业增长 11.2% ，电力、热力、燃气及水生产和供应业增长
5.6% 。在"6 + 1"支柱行业中，汽车制造业增加值增速为 6.2% ，电子制造
业为 27.7% ，装备制造业为 9.3% ，化医行业为 12.6% ，材料行业为 7.6% ，
消费品行业为 9.3% ，能源工业下降 5.9% 。规模以上工业企业产销率达
到 97.5% 。

（二）发展问题仍然突出

一是市场需求依然不足，投资增速明显放缓。传统装备产品市场需求明
显减少，企业生产任务不足，产销量和经济效益出现较大下降。二是创新能
力还不足，产品竞争力有待提升。内蒙古、甘肃等西部地区装备工业创新能
力建设不足表现较为明显，装备工业整体规模较小，重大技术装备自主研发
和制造能力不足，创新滞后成为转型发展的重要障碍。三是结构调整形势仍
然严峻。部分地区工程机械、船舶、电机、机械基础件等部分行业产品结构
性和周期性产能过剩较为严重，西部地区高端装备占装备制造业比重仍较小，
产品档次低，特别是装备工业结构失调并未改善。四是企业生产经营困难。
部分需求不足、产能过剩的传统产业市场竞争激烈，产品价格保持低位；中
小企业"融资难""融资贵"的问题仍然突出，金融机构惜贷、抽贷现象较
严重，"三角债"问题突出。

二、发展特点

（一）区域分化较为明显

西部地区装备工业基础较弱，总量偏小，如贵州省主要表现为主机企业
数量较少、规模小，难以带动相关配套产业发展。传统装备行业下滑明显，
如云南省机床行业下降幅度较大。贵州省受煤炭及房地产行业低迷影响，煤
炭机械和工程机械下滑明显。受市场需求总体不足和缺少创新人才队伍等长
期问题困扰，西部地区高端装备发展仍然滞后，地区不平衡状况还将存在。

（二）高端装备和新兴产业发展势头良好

四川省着力打造西部地区智能制造发展高地，目前全省已建和在建数字

化、智能化工厂（车间）的制造企业已超过 200 家，总投资超过 150 亿元。陕西省 2017 年非能源工业中，装备工业完成工业总产值 4900 亿元，同比增长 22.4%。重庆市机器人及智能制造装备产业 2017 年前三季度同比增加，智能机床产业产值增长，机床生产量同比下降，结构转型效果明显。高端交通装备 2017 年前三季度产值同比实现增长，其中轨道交通产业、通用航空产业同比增长明显。

（三）提质增效取得明显进展

面对工业发展普遍存在的过剩与短板并存、成本高企、结构性矛盾突出等问题，西部地区着力加快发展高端装备制造业，多措并举降低企业成本，加快工业供给侧结构性改革，实现经济增长质量和效益的明显提升。装备工业各指标增速更快，带动工业经济增长更加突出，新疆装备制造业工业总产值近十年平均增速达到 29% 以上，逆势成为全区优势产业。

（四）结构调整转型升级成效显著

西部地区装备工业着力加强创新驱动，大力推进结构调整和转型升级，加快新旧动能转换，取得明显成效。新疆克拉玛依威奥公司的短电弧机床、特变电工的智能变压器等整机产品已实现产业化，金风科技风电机组风机变桨系统等控制技术应用已走在全国前列。

三、发展经验

（一）细化政策实施，完善组织保障

随着《中国制造 2025》的推进，西部地区各省市地方政府积极对接国家政策，细化实施方案。新疆研究制定了《中国制造 2025 新疆行动方案》，围绕制造强区，提出发展输变电装备、农牧业装备、石油石化装备等战略重点。贵州省制定了《关于推进装备制造业供给侧改革的工作方案》，以航空航天等重点产业为突破口，从加强技术创新和成果产业化、实施"千企改造"工程、提升产品质量品牌、开展生产性服务业试点等几个方面入手，解决总体规模小、配套支撑不足等突出矛盾，增加中高端供给。云南省委、省政府组织成立先进装备制造业推进组和 5 个稳增长调研督查组，突出重点项目及行业企

业建设，加大协调服务力度，积极开展国际产能合作。

（二）推进产需对接，落实重大项目

组织企业参加产需对接会。新疆协调人保财险新疆公司、平安财险新疆公司等与特变电工、金风科技对接，实现金风科技 3 个型号的首批次产品列入首台套重大技术装备保险补偿，报废补助额度预计将超过 6000 万元。贵州省建设工业云平台，实现注册企业用户 30286 家，汇聚规上工业企业经济运行数据、产业规划投资数据、云制造资源数据等，初步实现工业云内部政府服务系统的互联互通和数据交换，提供经济运行和产业调度分析。

（三）结合本地特点，积极提升装备制造业竞争力

各省市积极组织企业申报国家重大专项和重大产业化工程项目，在智能制造专项、试点示范、首台（套）保险补偿、高档数控机床及基础制造装备专项、重大技术装备零部件减税、政策性贷款等方面抓好贯彻落实。新疆积极引导企业加强技术创新能力建设，支持企业争取各项财政奖励及税收减免政策。云南省积极培育机器人等产业，重点支持现有企业大力发展 AGV 引导车、水下机器人、搬运机器人、金属 3D 打印等，对机器人项目均给予大力支持。贵州着力打造延伸产业链，围绕航空航天、汽车、工程机械和煤炭机械等产业，梳理产业缺失环节，培育重点龙头企业和关键配套企业。

第二节　重点省份与城市发展情况

一、四川省

四川是我国重大技术装备制造基地、全国三大动力设备制造基地之一。近年来，全省装备制造业紧紧围绕国家装备制造产业振兴目标，调整优化结构，转变发展方式，实现了规模和效益的"双增长"。2017 年上半年实现增长 11%，高于全省工业增速 2 个百分点。装备制造业成为四川重点培育的三大万亿产业之一。2017 年，四川省制定出台了《四川省"十三五"装备制造产业发展指南》《四川省推进智能制造发展的实施意见》《四川省航空与燃机

产业 2017 年推进方案》《四川省轨道交通产业 2017 年推进方案》等一系列政策文件，加快推动全省装备制造业与新一代信息技术深度融合，促进装备制造业转型升级和创新发展，全年装备制造业（不含汽车）总产值突破 5840 亿元，同比增长 8%。其中，2017 年全省航空、航天器制造业增加值比上年增长 91.5%，铁路机车车辆及动车组制造业增长 75.1%，航空与燃机产业、发电装备制造产业也逐渐显现出产业集聚效应。

"四川造"大飞机机头、航电系统助力国产大型客机 C919、大型水陆两用飞机 AG600 首飞成功。翼龙 II 型、云影高端无人机研制成功，并获得海外订单。朗星、腾盾等一批民营企业研制的大型运输无人机成功首飞。中捷合作的 D6 通用飞机研制项目在自贡成功启动。中德合作先进中低速磁悬浮系统项目成功落地新津。"四川造"地铁车辆、现代有轨电车、空铁列车、云轨车辆、铁路重载货车形成产业化条件。"华龙一号"三代核电 CF3 燃料组件、蒸汽发生器、汽轮机等关键大部件研制生产取得重大突破并成功应用，CAP1400 型压水堆核电机组主管道成功验收。东方电气国际热核聚变实验堆关键设备成功研制，助力我国成为世界核聚变行业领跑者。

（一）坚持创新驱动，提升装备制造业核心竞争力

四川省每年设立创新驱动发展专项资金，推动创新中心建设，2017 年省级企业技术中心新增 103 家，累计达到 883 家。围绕核技术应用、轨道交通、智能制造、基础工艺等领域，针对重点行业转型升级和重大共性技术需求，依托省内高校、在川中央院所、国内外知名高校等科技资源，推动中国核动力研究设计院等单位组建四川核技术制造业创新中心、西南交通大学等单位组建四川省先进轨道交通装备制造业创新中心、东方电气集团等单位组建四川省智能制造创新中心、四川工程技术学院等单位组建四川省模锻制造业创新中心，开展行业基础和共性关键技术研发、成果产业化。首次认定四川省轨道交通创新中心、四川省智能制造创新中心、四川省工业大数据创新中心等 3 家创新中心为首批省级制造业创新中心。

（二）实施智能制造，推动企业向数字化、智能化转型

四川省确定了高端装备制造业的发展重点，支持一批高端产业联盟建设，省级财政连续 5 年每年设立 20 亿元专项资金支持重点产品研制和产业化。发

展智能制造，也是四川做强传统装备制造产业的另一重要路径。四川充分发挥在装备制造领域的基础和优势，重点围绕高档数控机床与工业机器人、增材制造装备、智能检测与装配装备、智能传感与控制装备、智能物流与仓储装备等五大类重点智能装备，积极引导和支持企业加大投入，围绕核心技术开展产学研联合攻关等，夯实核心智能装备制造基础。

二、陕西省

2017 年，陕西省规上工业实现总产值 24854 亿元，增长 18.8%，工业增加值同比增长 8.2%，超额完成省政府下达的 7.5% 的目标任务。同时，陕西全部工业经济总量继续稳超辽宁和内蒙古，在全国排名提升至第 12 位，提前实现追赶超越阶段性目标。以六大新支柱产业为代表的先进制造业实现产值占比由 2016 年的 33% 提升到 38%，"造飞机、产汽车、制芯片、做手机、出好药、强新材"的陕西工业新形象初步树立。2017 年，陕西先后发布智能制造、技术改造等八大工程实施方案和集成电路、新能源汽车等 14 个重点领域行动计划，完成 16 条产业链推进方案发布工作，产业发展顶层设计全面完成；集成电路、高端装备制造、军民融合等 7 只产业基金开展市场化运作，资金总规模达到 410 亿元，产融结合进一步深化。2017 年，非能源工业中，装备工业完成工业总产值 4900 亿元，同比增长 22.4%。

（一）加大扶持力度

陕西省积极落实装备工业稳增长、调结构的措施，对落实"中国制造 2025"工作高度重视，紧密结合省内实际，出台了相关政策，制定了《中国制造 2025 陕西实施意见》，全力打造新材料、节能与新能源汽车、集成电路等 14 个重点产业领域，力求到 2025 年全省制造业总产值占工业比重由 72.4% 提升至 80%。

（二）强化创新驱动

2017 年，陕西创新驱动显成效，创新平台建设取得重大突破。国家增材制造创新中心获批筹建，省级创新中心建设和布局不断加快，目前列入首批培育对象 20 家，涉及能源化工、新材料、航空航天、高端装备制造等 9 个行业，成功挂牌 2 家、筹建 6 家。2017 年列入《陕西省重点新产品开发计划》

的新产品 609 项，其中达到国际领先水平的 43 项，达到国际先进水平的 147 项，达到国内先进水平的 402 项，填补省内空白的 17 项。

三、重庆市

2017 年，全市规模以上工业增加值按可比价格计算同比增长 9.6%。分经济类型看，国有企业增加值增长 40.9%，集体企业下降 34.2%，股份制企业增长 10.8%，外商及港澳台商投资企业增长 5.5%。分三大门类看，采矿业增加值下降 17.3%，制造业增长 11.2%，电力、热力、燃气及水生产和供应业增长 5.6%。从主要行业看，全市规模以上工业 39 个行业大类中 31 个保持增长。在"6＋1"支柱行业中，汽车制造业增加值增速为 6.2%，电子制造业为 27.7%，装备制造业为 9.3%，化医行业为 12.6%，材料行业为 7.6%，消费品行业为 9.3%，能源工业下降 5.9%。规模以上工业企业产销率达到 97.5%。

从企业效益看，2017 年 1—11 月，全市规模以上工业主营业务收入同比增长 14.3%；利润总额增长 21.5%。每百元资产实现的主营业务收入为 101.01 元，较上年增加 6.63 元；每百元主营收入实现利润为 6.70 元，较上年增加 0.40 元；人均主营业务收入为 113.41 万元，较上年增加 13.83 万元。

（一）新兴产业加快推进

机器人及智能制造装备产业 2017 年前三季度同比增加，智能机床产业产值增长，机床生产量同比下降，结构转型效果明显。高端交通装备 2017 年前三季度产值同比增长，其中轨道交通产业、通用航空产业同比增长明显。

（二）智能制造成效显著

支持企业开展智能化改造。2017 年，全市大力支持企业开展智能化改造，成功减少用工，有效节省人工成本，促进生产效率大大提升，不良效率降低，能源利用率相应提高，智能制造效果明显。

成立智能制造专家咨询委员会。聘请国内智能制造领域知名专家 27 名，组建了重庆市智能制造专家咨询委员会，负责对重庆市智能制造发展战略和目标、战略任务和部署等重大事项的决策提供咨询和建议，对重点行业实施方案进行评估，参与专项指南编制，并指导企业实施智能制造工程。

出台《重庆市智能制造 2017 行动计划》。围绕打造集群、壮大规模、平台建设、突破关键零部件、招商引资、示范试点、完善服务、推广应用、发展服务型制造等八方面重点任务，力争 2017 年全年重庆市智能装备产业实现产值 200 亿元，同比增长 33%。

搭建智能制造供需对接平台。组织了手机及笔电行业智能制造对接会，促进近百家企业达成意向。

（三）研发创新能力增强

重庆华中数控 HSR – JR603 型工业机器人、HSS – LDN NCUC 总线式伺服驱动器、华数 II 型控制器，川崎（重庆）机器人公司 duAro 双臂机器人、伺服定位器，固高公司 SRB005 型巡检机器人、长江涂装厂 TZR – 2 涂装机器人、机床集团数控滚齿机、重庆长客山地 A 型地铁车辆、重齿公司 5MW 海上风电齿轮箱等多项新产品实现产业化，海装风电全球风轮直径最大的 H171 – 5MW 海上风力发电机组实现并网发电，国内风轮直径最大的 H140 – 3MW 风力发电机组成功下线，智得热工医疗废物破碎及高温蒸汽处理一体机走出国门。同时，重庆市经信委首台（套）重大技术装备保险支持自走式采棉机、数控磨齿机等产品，带动新产品产销近 7000 万元。新增市级企业技术中心 25 家，总数达到 145 家。

园 区 篇

第十章　上海机器人产业园

第一节　发展现状

一、园区概况

上海市机器人产业园成立于1994年，坐落在上海市宝山区古村工业园区内，是上海市经信委于2012年批准设立的特色重点工业园区。园区占地面积约有4635亩，入驻企业超过100家。顾村镇政府高效地整合资源，对已入驻园区的企业从科技、金融、人才等方面提供全方位的服务。园区地理位置较为优越，地铁、火车等交通设施贯穿园区，临近市中心和虹桥交通枢纽。

"十三五"期间是我国机器人产业发展的重要时期，上海机器人产业园将大量优质机器人企业聚拢，持续引进以高端机器人为主的智能装备制造企业，通过整机企业带动精密机床、仪器仪表、零部件等相关产业发展，鼓励园区传统企业进行"机器换人"计划，逐步推进高端生产服务的转型升级。上海机器人产业园是推动上海机器人发展的重要引擎，同时作为早期发展成熟的产业园区，对后续其他相关类型的产业园区建设有现实的指导意义。

在发展战略方面，园区确定了"一主一辅一配套"的功能定位。"主"代表构建机器人产业链条为核心的集群。"辅"代表构建相关职能装备制造基地。"配套"代表高端生产型服务业集群和"三区两轴一核心"的整体规划布局，包括生态景观带、园区商务带、机器人研发及应用区、总部经济区、公共服务配套区、智能装备制造区。发展重点领域涵盖汽车、机械加工、海工装备、商务服务等十大领域进行机器人的专业化推广和示范。上海机器人产业园对上海市机器人发展起到了重要推动作用。

二、产业规模

上海机器人产业园已规划建设机器人研发及应用区、智能装备制造企业的总部经济区、机器人主题科技公园、机器人科技大厦、上海机器人博物馆、国际机器人（上海）交易中心、国际机器人（上海）科技财富论坛、上海机器人研究所、上海机器人学院为主的公共配套服务区。截至 2017 年 7 月，园区入驻企业超过 100 家，包括德欧机械设备（上海）有限公司、上海复旦智能监控成套设备有限公司、上海宝滨机器人自动化科技有限公司、上海束鑫自动化设备有限公司、上海鑫燕隆汽车装备制造有限公司、上海发那科机器人有限公司、上海东方泵业有限公司、上海法维莱交通车辆设备有限公司、上海航空发动机制造股份有限公司等。上海机器人产业园计划 2017 年完成引进国内外机器人制造相关企业机构 600 家，招商引资额度预计达到 200 亿元。

第二节　发展经验

一、产业园发展战略

第一，加强产业化推进。园区不断完善经营方式和组织形式，通过政府引导、研究院所支撑、企业运作，加强相关企业的合作，稳固上、中、下游产业链衔接，推动研发、生产、推广、销售、服务完整性建设，促进机器人行业整合，鼓励企业互通有无，共同进步。

第二，持续多样化发展。园区根据自身特色和行业特点进行规划，强化机器人核心产品研制，将重要技术向民用化、通用化转化，始终坚持民用市场布局，联合社会资本，使得相关技术突破能更好地转化为实际效益。引导企业按需生产，避免扎堆发展，以质量取胜从而产生较强的品牌吸引力。

第三，坚持高端化建设。利用地缘优势，发挥上海产业技术研究院、机器人产业技术服务平台、机器人国评中心的桥梁纽带作用，将信息化发展作为机器人产业园的重中之重。坚持积极吸收复合型技术人才，不断完善人才引进体系。

第四，紧抓外部机遇。园区结合上海经济发展特点，紧抓"一带一路"建设和国际贸易机遇，2017 年 3 月，德国 Q3 项目签约入驻保集控股集团旗舰产业园保集 e 智谷后，伏能士也入驻园区。

二、产业推进经验

（一）制定合理规划

第一，强化本体研发制造，发展多种类型机器人。在工业机器人，六轴自由度机器人、并联机器人、重载搬运机器人的生产、研发、推广机制已逐步成熟的产业方面培育龙头企业，增加医疗机器人、教育机器人或者特殊环境下的安防、排爆等特种机器人的研发投入，紧抓市场机遇。

第二，加大研发力度，突破核心功能部件难题。建立政府、企业、高等院校、科研院所的联动机制，已在精密减速器、伺服电机及驱动器领域有重要突破，在控制系统等核心功能部件的研发方面取得进展，目前对企业研发传感器、执行系统等基础部件领域已加大投入。

第三，坚持合理规划，推动物联网应用服务及其系统集成的专业发展。以"国家机器人产业发展规划""上海'十三五'规划"为指导，统筹制定机器人发展的长期规划和路线图。重点培养具备自主核心产权的系统集成企业，实施以系统集成龙头制造商为引领，本体及零部件制造商为导向的发展战略，实现园区内机器人全产业链的持续更新升级。

第四，积极贯彻土地环境评估和园区企业备案机制，工业用地必须经过严格审批，从根源上确保生产生活安全，建立一体化准入标准，引进"事先征询机制"，使得上海机器人产业园的安全建设得到保证。

（二）推广特定领域

上海机器人产业园围绕本市产业需求选择特定领域，针对细分市场（如汽车、机械加工、船舶制造、医药制造、商务服务等），联合机器人产业链企业，进行专业化推广和示范。重点服务和提升与机器人产业链条关联度高、应用效果好、拉动作用强的试点示范工程，探索多样化的推广和商业合作运营模式，推动上、中、下游全产业链发展。

（三）完善配套机制

第一，发挥技术优势，跨越机器人产业发展壁垒。围绕市场需求和自身技术特点，选择有比较优势的企业和产品进行通用化转化，避免重复建设、迅速扩张、恶性竞争等情况出现。园区管理部门促进各项资源向优势企业集中，已在精密减速机、伺服电机和驱动器、控制系统等制约产业发展的领域有所突破。

第二，搭建园区机器人产业公共服务平台，发挥协会、联盟的纽带作用。相关机器人行业协会与园区内企业对接，定期举办行业经验交流和产业链对接活动。同时，建立机器人检测、培训、维修公共服务平台，建立机器人研发基础设施共享机制，提高机器人产品品牌形象建设，提升企业知名度，打造机器人产业集群发展新模式。

三、园区建设经验

（一）加大政策支持力度

第一，政府推动优惠、发展政策聚焦机器人领域。园区积极贯彻落实《工业和信息化部关于推进工业机器人产业发展的指导意见》，并且制定了上海战略性新兴产业、技术改造等专项政策，最大程度保证机器人产业重大项目的土地利用和技术支撑。

第二，政府制定规划，构建完善的机器人产业发展体系。借鉴中关村、硅谷等创业园区服务体系建设经验，发展具有自身特色的机器人产业园。2017年，为贯彻落实国家《新一代人工智能发展规划》的有关要求，推进人工智能产业的发展，加快人工智能产品市场推广和应用，上海市经信委制定了《上海市人工智能创新发展专项支持实施细则》，对机器人产业专项发展予以明确支持。

此外，政府发挥专项资金引导作用，遵循市场规律，吸引社会资本参与园区企业建设，积极引导天使投资、风险投资、股权投资等多种类别基金投资机器人产业相关的重要项目；加大首台（套）政策的支持力度，对于具备较高技术水平的企业加强机器人产业中关键核心技术攻关。

（二）推进试点示范项目

上海市张江高新区管委会联合市委组织部、上海经信委、上海知识产权局等部门，针对机器人产业的重点工程开展试点，鼓励企业开展机械化换人、机器人作业、自动化减人的工作。抓好一批效果突出、带动性强的企业。截至 2017 年 12 月，经过管理机构审核、第三方机构评审、专家调研等环节，园区几十家企业享受了试点项目的优惠政策。

（三）减轻市场风险

据工信部统计，截至 2016 年 12 月，共有 28 个省、自治区及直辖市将机器人及关键零部件作为重点发展的行业，导致近几年机器人市场过度投资风险提高。为此，应该：

第一，结合自身优势，控制市场风险。进行市场调研，了解机器人产业的市场需求，有针对性地培养具有优势的企业，通过技术使得产业链条革新。

第二，"金融服务＋机器智慧"助力机器人产业蓬勃发展。利用本土金融环境优势，遵循市场规律，提升企业资金自筹能力，园区管理部门应作为引导机构，为企业提供金融服务接洽提供便利。

第三，支持机器人上下游企业建立合作关系，规避技术风险。培育一批龙头企业，改善高新技术公司的产品转化率较低的问题，鼓励学院、科研机构的研究成果能够被企业吸收。

第十一章　上海安亭国际汽车城

　　上海国际汽车城，以"创造移动方式的未来"为发展目标，实现了从"制造"到"智造"的完美飞跃，着力于打造领跑中国的研发高地。这里聚集了 76 家高新技术企业、15 个公共研发平台、65 家技术中心型企业和 12 个总部型企业，我们以新能源汽车为抓手，以公共服务平台为依托，寻找人、车、城市之间和谐共存的途径，创造具有汽车城特色的智慧城市。

第一节　发展现状

一、产业规模

　　近年来，新能源汽车成为汽车产业未来的重要发展方向，上海安亭国际汽车城积极推进新能源汽车产业基地的建设，建设面积拓展至 2.64 平方公里，一期 2 平方公里目前引进企业包括，捷新动力电池、精进电动、电驱动、大郡控制、海能、道之、航盛电子等 9 家新能源整车及电池、电机、电控等关键零部件生产企业。2017 年 1—6 月，嘉定完成规模以上工业总产值 2795.7 亿元，其中汽车及零部件产业完成产值 986.7 亿元，同比增长 10.8%。全年汽车产业实现较快增长，完成规模以上工业总产值 4358.3 亿元，同比增长 12.1%，其中汽车零部件产业完成规模以上工业总产值 2106.9 亿元，同比增长 9.5%，已成全国单体城市中汽车产业规模最大、研发水平最高、产业链最完整的区域。

二、主要产品

上海安亭国际汽车城主要以上海大众为中心，集聚了上汽乘用车及一大批优秀的零部件供应商配套企业。其中，上海市新能源汽车及关键零部件产业基地于2009年7月批准挂牌成立。产业基地在紧抓先进制造领域产业的同时，以鼓励上海新能源汽车领域高新技术产业化发展为契机，加快推进新能源汽车及关键零部件产业基地建设；吸引高新技术产业化项目为目标，壮大新能源汽车及关键零部件产业集群，推动新能源整车及关键零部件企业的孵化、发展。上海市新能源汽车及关键零部件产业基地位于上海国际汽车城北部，规划面积9.5平方公里。目标是建设成为以新能源汽车整车研发和产业化为主导，新能源汽车关键零部件制造和创新为核心，高新技术产业规模化为配套的具有国际水平的专业性汽车产业基地。

三、经济效益

近年来，上海安亭国际汽车城以高端智造为重要支撑，着力打造汽车全产业链，推进汽车城转型升级，大力发展汽车金融、汽车电子商务、汽车后市场、新能源汽车等"四新"领域，汽车城规模以上工业总产值及利润规模不断扩大，工业利润增速逐渐赶超产值规模增速。2013—2016年，上海市累计推广新能源汽车104706辆，率先成为全球新能源汽车拥有量最大的城市。2017年1—11月，推广各类新能源汽车39147辆，年度推广应用规模保持平稳有序，纯电动汽车占比逐年提高（2014年18%、2015年24%、2016年至今31%）。

四、技术进步

在整车研发领域，企业是技术创新主体和前沿阵地，发挥企业在自主创新中的主体作用十分关键，落户安亭的蔚来汽车就是很好的例证。随着全球最快电动超级跑车EP9的问世，蔚来汽车正进入一个创新高潮期，该车0到200公里加速仅用7.1秒。公司首款量产纯电动汽车ES8总投入50亿元，其中光充换电配套和人工智能研发投入占比就20%左右，目前已上市并开始接受预订。在嘉定，自主研发、创新不仅局限于刚刚起步的初创型企业，"老牌劲旅"也将其作为企业发展的重中之重。2017年7月20日，2017年度"全球500强公司"榜单公布，和嘉定已结缘数十年的上汽集团凭借2016年度1138.60亿美元的合并销售收入，第13次入选全球500强，排名第41位。2017年上半年，上汽推出的纯电动互联网SUV荣威ERX5上市，综合工况下续航里程超过300公里，百公里加速仅需4秒，并拥有自主泊车、无线充电等新技术。在电池方面，上汽自主研发的高集成度电池包通过了全球权威产品安全测试，该电池包获得防尘防水民用最高级别认证，级别仅比潜水艇低一级，公司对车载电池8年20万公里的使用寿命及衰减不超过30%的目标信心十足。

五、产业集群

近年来，嘉定努力在自主知识产权领域抢占汽车产业新一轮发展制高点，全力推进大众MEB项目、蔚来汽车纯电动整车项目建设，以整车带动核心零部件企业集聚，尽快形成完整产业链。同时，嘉定注重发挥各类机构的公共服务平台作用，全力推进新能源与智能网联汽车示范应用，不断创新商业模式。目标是要加快培育新能源与智能网联汽车等世界级先进制造业集群，提出要"打造嘉定智能网联汽车先行区等产业发展新载体"。要全力抢抓汽车低碳化、智能化、网联化、共享化变革的"时间窗口"，加速向世界级汽车产业中心进军。"一方面要深入开展专项研究，制定发展战略规划，吸引更多优秀汽车人才集聚，另一方面要积极参与引领未来汽车产业标准建设，进一步打响'汽车嘉定'品牌。"

第二节　发展经验

一、产业推进经验

（一）技术科普和产品宣传

试乘试驾中心集合上海市新能源汽车产业界的各路领军人物，每2周1

次，定期向对上海市新能源汽车产业发展感兴趣的普通民众、专业人士、研究学者等宣传普及行业内最新最火的资讯和技术发展动态。2011—2017 年，在我国新能源汽车发展的初级阶段，试乘试驾中心紧扣市场特征，以"纯电动和插电式混合动力"车型为重点向民众进行了宣传和推广。未来，试乘试驾中心仍将把握产业脉搏，率先引入燃料电池汽车供消费者体验。

（二）品牌试驾和试乘体验

试乘试驾中心为广大消费者提供源源不断的最新最全的在沪销售的国内外各大车企新能源汽车，进行丰富多样的中立而客观的试乘试驾活动，为消费者和车企打造全新的交流及信息获取平台。

（三）车辆推广和数据应用

试乘试驾中心直面广大消费者和厂商，一方面，为消费者提供在购车过程中可能遇到的政策释疑、补贴核算及申领提供帮助；另一方面，为车企提供消费者从"购买前的购买顾虑—购买中的购买/拒绝购买的关键因素—购买后的使用特征及评价"全闭环的信息反馈，直接服务于车企的产品技术升级。

二、园区建设经验

（一）建设新能源汽车数据中心

上海市新能源汽车公共数据采集与监测研究中心（简称数据中心）由上海国际汽车城（集团）有限公司、上海机动车检测中心、上海交大教育发展基金会以及上海市嘉定区光彩基金促进会四家单位发起成立。2014 年 12 月 17 日正式完成注册工作，开办资金 100 万元人民币。数据中心作为上海市的公共服务平台，其主要职责是采集上海全市新能源汽车公共数据，开展消费者驾驶行为与充电行为的研究，为全市交通节能减排和新能源汽车示范推广、政策制定与评估以及充电基础设施网络规划提供咨询服务与决策依据；为企业新能源汽车商业模式创新，为消费者使用新能源汽车提供数据咨询和配套服务。它的建设符合国家对新能源汽车推广应用的趋势，对上海作为中国电动汽车国际示范城市更是起到了积极的促进作用。经过两年多的快速发展，截至 2017 年 11 月 30 日，上海市新能源汽车公共数据采集平台共接入 61 家企业，269 款车型，151661 辆车。其中乘用车企业共接入 30 家，乘用车车型共接入 140 款。其中商用车企业共接入 31 家，商用车车型共接入 129 款。

主要工作内容包括采集和监测上海全市新能源汽车及相关公共数据；开展消费者行为分析和研究，提供有洞察力的大数据咨询服务，探索大数据开放创新模式；为新能源汽车示范推广、政策制定与评估以及配套基础设施网络规划提供咨询服务与决策依据；参与新能源汽车标准的制定工作、定期编制发布具有数据支撑的分析研究报告；积极开展国内外的合作与交流，打造一个专业、开放、融合、共赢的合作交流平台。在国际交流与合作方面，数据中心是中国科技部和美国能源部《中美电动汽车上海—洛杉矶电动汽车数据采集与研究框架协议》的执行单位。参加每年一次的"中—美电动汽车与电池技术研讨会"。参与每年一次的清洁能源部长会议与 EVI 工作组会议。

（二）建设新能源汽车试乘试驾中心

试乘试驾中心是中国（上海）电动汽车示范城市的核心功能性项目，通过科普长廊和宣传片的展示、电动汽车试乘试驾体验、系列推广活动以及城市巡游活动等，向消费者开展国内外不同品牌先进电动汽车的普及与推广，提高消费者对电动汽车的认知度，帮助企业开展品牌培育，共同促进电动汽车的示范推广和应用。并且从 2012 年开始，试乘试驾中心通过有效搜集潜在用户的试乘试驾体验数据，持续开展了上海新能源汽车潜在用户的群体研究（5 年来，试乘试驾中心累计接待 16 万人次，试驾人数 5.5 万人次，累计问卷1.4 万份）。该研究主要围绕潜在用户的个体特征、认知特征、购买特征展开全样本分析，并纵向比较年度潜在用户的需求特征变化情况，以便更加清晰、全面地了解上海市新能源汽车潜在用户的特征。未来，试乘试驾中心还将继续以"共同促进电动汽车的示范推广和应用"为己任，以 3 个"e"为核心，进一步深化科普宣传、试乘试驾和推广应用三大功能，更好地实现服务百姓、服务企业和服务政府的目标。

第十二章　渭南3D打印产业培育基地

2013年，在工信部、科技部和陕西省委省政府的大力支持下，渭南市在国内率先启动3D打印产业培育工作，依托渭南高新区建设3D打印产业培育基地。近年来，渭南3D打印产业培育基地从实际出发，以3D打印产业发展为核心，紧紧围绕创新技术链、完善资本链、健全服务链、培育产业链这四大环节，积极推进实施"6＋1"发展模式，全方位实施3D打印发展战略，3D打印产业取得蓬勃发展。未来，渭南3D打印产业培育基地将积极贯彻国家《增材制造产业发展行动计划（2017—2020年)》精神，进一步健全各项服务体系，深入推动增材制造技术应用，将基地打造成创新动力强劲、创业环境优越、产业特色鲜明、企业规模聚集、品牌效应显著的国家级3D打印产业培育示范基地。

第一节　发展现状

一、产业规模

科技引领创新，创新驱动发展。2013年，在工信部、科技部和陕西省委省政府的大力支持下，渭南市在国内率先启动3D打印产业培育工作，依托渭南高新区建设3D打印产业培育基地。4年来，高新区累计投资7亿元，建成了460亩3D打印产业培育基地，发起设立国内第一只3D打印创投基金，和西安交大、西工大、清华大学、中国钢研等20所高校和科研单位建立长期合作关系，引进卢秉恒院士、李涤尘教授、黄卫东教授等12个国内知名3D打印团队，和西安交通大学等高校共建快速制造国家工程研究中心，筹建增材制造国家创新中心，建设了陕西增材制造协同创新研究院、3D 打印金属粉末中心等 5 个创新平台。渭南 3D 打印产业培育基地被工信部授予国家服务型制造示范平台、新型工业化示范基地，被科技部授予国家新材料高新技术产业化基地、国家科技企业孵化器、国家众创空间。成功孵化了陕西增材院、陕西智拓、陕西聚高、渭南鼎信等 67 户企业。截至 2017 年，累计实现产值 9.6亿元，申报专利 628 项，授权 292 项，省级以上科技成果立项 37 项，引进博士及以上高层次人才 100 余人，产业化工作目前处在国内第一梯队，奋力开启"智能制造"的新时代。

2017 年，随着园区规模效应、人才集聚优势显现，产业发展提速，全年新引进和孵化 32 户企业，均拥有自主知识产权，团队核心骨干全职进驻园区。其中，金属 3D 打印、生物 3D 打印、复合材料 3D 打印、金属粉末制备、三维扫描等一批技术达到国际领先水平，在航空、航天、汽车、医疗等国家重要领域获得了成功应用，核心竞争力显著提升。陕西智拓在第六届全国创新创业大赛先进制造组中获得第三名，取得了渭南在全国创新创业大赛中有史以来的最好成绩。在孵企业多数具有较强盈利能力，产业规模呈倍增态势，一些企业快速成长为规模以上企业，产业孵化效益增强。

二、主要产品

（一）专用材料领域

在金属材料领域，实施了钛合金粉末材料、镍基高温合金类粉末材料、钴基高温合金类粉末材料项目，制备方法为气雾化法、旋转电极法。目前，基地气雾化制粉年产为 90 吨，旋转电极制粉年产为 300 吨。代表企业以渭南3D 打印金属粉末工程技术中心和陕西英博金属技术有限公司为主。

在非金属材料领域，建立了以 3D 打印复合材料体系（碳纤维、芳纶纤维增强聚乳酸、尼龙、聚酰亚胺等）、3D 打印高性能材料（PEEK）为代表的非金属材料产品，相应成果目前已处于国际领先水平。其中以 PEEK 材料为应用的人体植入物方面，包括胸骨假体、肋骨假体、胸骨"外壳"等 5 项手术已实现世界首次应用。代表企业以陕西聚高增材智造科技发展有限公司、陕西斐帛科技发展有限公司和陕西百普生医疗科技发展有限公司为主。

（二）三维扫描领域

在三维数字测量扫描技术方面，主要包括 RDS BodyScan 三维极速人体扫描系统、3D BodyScaner 智能体感试衣间、精灵 G100 全自动建模系统、3D Facial scanner 三维面部扫描系统、足部扫描系统等产品，相关系列技术及产品拥有完全独立知识产权，并已达到国际先进水平，曾获得国家技术发明二等奖，同时制定了三维光学测量领域第一个国家标准，多项产品已成为国内唯一供应商，应用方向为服装定制、文物修复还原、个性化定制等。代表企业以渭南领智三维科技有限公司为主。

（三）工业应用领域

在精密模具铸造方面，主要包括汽车发动机缸盖、缸体、飞轮壳等复杂铸件以及工业电力领域的叶轮、真空阀体等产品。主要应用客户遍布国内外，例如吉利汽车、江淮汽车、北京汽车、南京依维柯、BMW、Honeywell、Caterpillar、Cummins 等知名厂商。代表企业以陕西路通精密科技有限公司为主。

在金属激光成型方面，主要有激光立体成型产品、选择性激光熔化成型产品两个类别。细分产品包括航空发动机钛合金整体叶盘、复杂精密成型各类异形结构件、元结构整体化功能集成件等复杂结构产品，其中激光立体成型技术成功制造 C919 中央翼缘条，为国家民用飞机制造奠定了技术和产业基础。代表企业以陕西增材制造研究院有限责任公司为主。

在固相增材制造方面，主要产品有航空发动机空心静子叶片、核能与石化印刷电路板式换热器、多层气体分流器扩散焊、5G 平板天线等，应用于航空、航天、航海、轨道交通、新能源汽车、核能、太阳能热电、火电、石油化工等诸多领域。同时成功研制出国内首台大温区（$800 \times 800 \times 1200 mm^3$）、大吨位（1200t）、多轴、多缸加压真空扩散焊设备，填补了国内大型精密结构件固相增材制造技术的空白。代表企业以陕西智拓固相增材制造技术有限公司为主。

在航空发动机应用方面，主要产品为航空发动机高温合金叶片，研发团队通过融合 3D 打印技术和精密铸造技术，攻克关键难题，形成了完备的技术体系，拥有独立自主知识产权，为"国之重器"创新发展作出应有的贡献，代表企业以陕西博鼎快速精铸技术有限责任公司为主。

（四）文创教育领域

在文创教育领域，主要涉及 3D 打印技术应用专业、3D 打印 K12 创新教育、3D 打印创客教育等。已完成《现代制造技术概论》《3D 打印技术基础》《3D 打印数据处理技术》等多门专业核心课程教材开发工作，完成低幼、小学、初中、高中四个层次的课程体系建设和课程开发，其中为国家人社部专业开发提供了人才培养方案和教学大纲编写、完成了人才培养标准和技能鉴定标准起草工作。代表企业以渭南鼎信创新智造科技有限公司为主。

三、技术进步

（一）快速制造国家工程研究中心

渭南 3D 打印产业培育基地技术主要以快速制造国家工程研究中心为主，中心是一个依托西安交通大学的人才与技术优势建立、国家发改委 2005 年 11 月命名的国家级先进制造技术创新平台。陕西瑞特快速制造工程研究有限公司是该中心的依托公司，由西安交通大学、陕西工业技术研究院、交大昆机科技股份有限公司、渭南高新区火炬科技发展有限责任公司、中新苏州工业园区创业投资有限公司、陕西秦川机械发展股份有限公司等共同出资，注册资金 6000 万元人民币，基地运营单位渭南火炬公司为第一大股东。

快速制造国家工程研究中心为制造业特别是能源动力、汽车制造和国家大飞机开发计划提供 3D 打印、快速模具和高档数控专用装备，力争为制造科学的进步和国民经济的快速发展作出重要的贡献。以国内制造业的发展需求为导向，在快速制造领域内对国家及省部级重大课题、行业共性技术、新技术、新产品进行研发，对科研成果进行集成和工程化开发。

卢秉恒院士担任快速制造国家工程研究中心主任，工程中心研发团队现有专职人员 80 余人，其中博士、硕士比例达 75% 以上。同时聘请西安交通大学机械工程、电气工程和能源动力工程等学科的专家和教授 12 人担任专家、顾问或兼职研发人员。技术团队由卢秉恒院士领衔，形成一支专业、学历和年龄结构合理，多学科综合交叉的研究开发队伍，包括"千人计划"专家陈耀龙教授、长江学者李涤尘教授和赵万华教授等知名专家学者等。

（二）国家增材制造创新中心

国家增材制造创新中心由西安交通大学、北京航空航天大学、西北工业大学、清华大学和华中科技大学 5 所大学及增材制造装备、材料、软件生产及研发领域的 13 家重点企业共同组建，它汇聚国内外高端人才及相关国家重点实验室、工程中心和工程实验室等科研资源，为国内制造业的转型和创新发展提供重要支撑，服务"中国制造 2025"。增材制造国家研究院将成为中国乃至全球资本市场青睐的以增材制造集成技术供应源为重要特征的高市值上市公司。中心以国家战略性目标和制造业创新发展为导向，制定发展战略和科研计划，瞄准重大设备、重要材料、关键工艺、核心软件、核心元器件等共性关键技术，进行自主研发与技术集成，突破行业技术瓶颈，打造完整的创新链。通过互联网和创新联盟在全国推广研究成果，孵化高科技企业，引领增材制造行业发展，带动整个制造业的转型升级。

国家增材制造创新中心创始股东，均是增材制造领域业绩突出，从事装备与材料研发和生产的优势企业，研究院所和高校，重要应用领域典型用户、产业园区等。主要有北京金属增材制造创新中心有限公司、陕西瑞特快速制造工程有限公司、西安铂力特激光成形技术有限公司、大连三垒机器股份有限公司、武汉华科三维科技有限公司、北京恒创增材制造研究院有限公司、西北有色金属研究院、机械科学研究总院江苏分院、宁夏共享模具有限公司、安泰科技股份有限公司、西安新材料产业发展有限公司、陕西金融控股集团有限公司和渭南高新区火炬科技发展有限公司。

四、产业集群

（一）3D 打印用金属材料产业集群培育

依托中国钢研集团和西北有色金属材料研究院先进技术，围绕高精度 3D 打印用金属粉末，着力突破激光、电子束等高能束流直接制造技术，攻克具备大面积推广应用价值的钛合金、高强钢、铝合金、钴铬合金、镍合金等材料体系、加工工艺、制造装备和应用技术中的重大核心技术及生产制造能力，着力打造国内 3D 打印用金属材料产业集群。

（二）3D打印装备制造核心企业培育

围绕3D打印技术的研发应用和产业化，重点培育陕西智拓固相增材装备、陕西聚高增材PEEK 3D打印装备、陕西斐帛纤维复合材料打印装备、渭南领智三维扫描装备、陕西五点零金属3D打印装备、陕西伟捷光固化3D打印装备、陕西瑞特电喷涂陕3D打印装备以及渭南鼎信教学用3D打印装备等一批拥有自主知识产权的企业成为行业龙头，形成园区设备制造产业集群。

（三）3D打印模具设计制造产业集群

依托快速制造国家工程研究中心技术，重点围绕快速模具行业，瞄准工业需求，重点打造陕西路通汽车精密模具、宁夏共享渭南中心大型工业模具、陕西增材制造研究院大型模具修复、陕西智拓内流道复杂模具、陕西瑞特喷涂模具、陕西博鼎航空发动机叶片模具技术、陕西恒通工业复杂模具等，形成具有竞争力的模具产业集群。

（四）3D打印技术汽车应用产业集群

围绕渭南现有的新能源汽车产业园技术需求，依托长安大学渭南智能制造研究院和即将设立的同济大学渭南中心，引导现有3D打印企业强化在汽车行业应用，重点是支持陕西瑞特科技、陕西非凡士科技、陕西路通精密科技、陕西立方体科技、渭南领智三维等一批企业深入开展3D打印汽车应用服务。围绕汽车全生命周期3D打印产业化应用，引进工艺设计企业、汽车复杂部件铸造企业、验证车模具加工企业、汽车金属喷涂模具企业、砂型制作企业、零部件修复企业、精密铸造企业等，形成3D打印技术汽车应用产业集群。

第二节　发展经验

一、实施"6＋1"发展模式

（一）协同创新体系

渭南3D打印产业培育基地通过与高校及科研院所合作，围绕工业界需求和市场应用，构建了一个以市场为导向的 3D 打印产业协同创新体系。与西安交通大学合作，共享快速制造国家工程技术研究中心，建设了激光成型、检验检测、数据处理、医疗康复等 10 个公共服务平台；与西北工业大学合作，成立了陕西增材制造（3D 打印）协同创新研究院；与西安电子科技大学合作，建立渭南西安异地孵化研究院，解决产业前段协同创新问题；与烟台路通精密铝业公司合作，组建智能化精密铸造示范中心、精密铸造模具中心；与中国钢研集团安泰科技公司合作，建设金属 3D 打印粉末工程中心。

（二）投融资保障体系

渭南 3D 打印产业培育基地牵头发起设立国内第一支 3D 打印创投基金——陕西省 3D 打印创业投资基金，首期规模 2.5 亿元，主要投资于 3D 打印全产业链应用行业；成立渭南高新区科创担保公司，协调银行、基金和风投公司，为 3D 打印企业提供金融服务；引入深圳同创伟业、陕西德同福方等风险投资基金，为企业落实投资 1.2 亿元；与陕西基泰投资、陕西新中兴等一批产业投资集团达成合作意向，导入产业投资基金，扶持项目发展壮大；与国有四大银行及其他商业银行建立合作框架协议，吸纳银行资金支持产业发展。

（三）产业化承载体系

渭南 3D 打印产业培育基地在运营孵化器同时，为入驻企业项目提供研发、孵化、加速、产业化全流程服务。目前，8 万平方米的标准厂房、0.5 万平方米的创业公寓和职工餐厅已建成投入使用，相应基础配套设施也已完善。新建 5 万平方米渭南增材制造创新中心产业园，目前单体工程已封顶，预计 2018 年 5 月投用。通过努力，先后引进孵化了陕西增材制造研究院、陕西瑞特、陕西聚高通、陕西路通、陕西三缔、陕西斐帛、陕西博鼎、渭南鼎信等 67 户企业，累计实现产值 9.6 亿元。

（四）创业创新政策体系

渭南 3D 打印产业培育基地设立 3D 打印产业引导资金和创投基金，支持 3D 打印领域关键技术研发、公共服务平台建设、科技成果转化和产业培育引导。对入驻孵化器从事 3D 打印领域的核心团队，个人所得税全额奖励。带成果、带项目入驻基地创业，三年内研发、办公、生产等场地实行零租金扶持。

对率先入区的 3D 打印研发专家和创业者，免费提供配套公寓、医疗服务等生活保障，协调解决配偶就业、子女入学等具体事项。孵化毕业企业需要征地建厂的，建设用地优惠供给，全方位支持企业创新发展。

（五）全方位的服务体系

渭南 3D 打印产业培育基地实施"开放式运作、封闭式管理"模式，承诺对入孵 3D 打印和新材料项目推行"一门受理、全程代办、限时送达"。目前，正在建设合同创新交易沟通场所，建设成果转化、市场应用、知识产权保护等方面的支撑服务平台。

（六）联合共建孵化器体系

渭南 3D 打印产业培育基地与工信部赛迪研究院共同推进战略性新兴产业发展，围绕 3D 打印产业开展深度合作，共同探讨 3D 打印技术与产业融合发展新路径。科技部批复渭南国家新材料高新技术产业化基地、国家科技企业孵化器、国家众创空间，工信部批复了国家新型工业化示范基地、3D 打印技术服务型制造示范平台，中国医疗器械行业协会确定渭南 3D 打印基地为"中国医学 3D 打印技术创新发展基地"，陕西省科技厅认定了"陕西省 3D 打印技术成果转化中试基地"。陕西省发改委发布的《陕西省增材制造产业发展规划（2016—2020 年）》中明确提出将渭南 3D 打印基地列入全省重点支持园区；渭南市出台了《关于支持高新区打造国家新材料高新技术产业化基地的实施意见》，进一步整合全市优质资源加快推进 3D 打印产业化；渭南高新区管委会出台了《加快 3D 打印产业发展的若干意见》，围绕技术、资本、服务、产业四大环节，实施 3D 打印"6＋1"发展战略。

（七）创新人才队伍建设

渭南 3D 打印产业培育基地自建设以来，坚持把人才团队引进和培养作为第一要务。在高层次人才引进方面，依托西安交通大学、西北工业大学、清华大学、中国钢研集团等 20 所高校科研院所，和中国工程院院士卢秉恒、黄伯云，教育部长江学者黄卫东、李涤尘、赵万华等 43 位 3D 打印专家，72 名新材料专家建立长期合作关系。已有相关高校、科研单位的 12 个 3D 打印团队整体进驻产业孵化器，提供系统的高层次人才培养工作。在创新型应用人才培养方面，基地采取政府、企业、学校相结合的方式，由快速制造国家工程研究中心创新教育研究与培训基地、增材制造国家创新中心 3D 打印人才培训基地牵头，多层次培养 3D 打印创新人才和实用人才，快速形成具有规模效应和聚集效应的 3D 打印人才队伍。

二、产业推进经验

（一）渭南 3D 打印发展模式具备推广条件

3D 打印 "6 + 1" 的渭南模式，从产业化承载、协同创新、投融资保障、创业创新政策、全方位的服务、部省市区共建等 6 个体系和 1 支创新人才队伍建设，有效地构建起一个全新的顶层设计规划，通过在渭南实践探索，先行先试，取得了一定的成绩，可有效地推动 3D 打印产业化进程，对于其他地区推动产业发展具有指导意义。

（二）渭南清晰理解产业所处阶段

2016 年，全国 3D 打印产业产值仅 80 亿元，和其他产业相比，规模较小。产业阶段更多的是技术从高校的科学家手中向企业家手中转化的一个中间过程，资本还未看到产业爆发迹象，关注度不高，产业处于孵化、培育期。渭南按照产业培育基地的思路，把创新能力建设放在重要位置，累计投入资金近 3 亿元，重点把创新平台建设，科技人才引进、科技成果转化服务放在核心，这一发展思路是可取的，在过程中当地政府没有把产值利税作为首要考核，而是将重点放在高层次人才引进、重点研发项目立项、科技成果转化、在孵企业质量上，保障了产业的可持续健康发展。

（三）渭南 3D 打印基地产业定位清晰

渭南高新区和北京中关村、上海张江、武汉东湖、西安高新区等国家级高新区相比，无论资金实力、基础研发还是产业配套条件差距都比较大，要走出一条适合自己的新路子，形成渭南 3D 打印的产业化路径。高新区能够聚焦 "3D 打印 +" 的产业孵化理念，以 3D 打印设备生产、3D 打印金属材料研发及生产、3D 打印应用型人才培养为抓手，重点围绕实施 3D 打印产业化示范应用，加快 3D 打印与传统产业结合，借助 3D 打印技术优势，解决传统产业技术难点、痛点，改造提升传统产业，引进孵化各种类型中小科技企业，全力打造国内特色园区，产业定位准确，方式方法得当。

（四）注重高科技人才队伍建设

在人才引进方面，渭南不断注重对整体团队的引进，通过规范管理和精准服务，先后引进西交大卢秉恒院士、李涤尘教授、梁晋教授；西工大黄卫东教授、张赋升教授等12个团队，为产业持续、健康发展提供良好的人才储备。如渭南鼎信创新智造公司在创立时，创业者只有技术和创业热情，在园区的精准服务下，企业得到了快速发展，2015年营业收入200万元，2016年实现营业收入3800万元，上缴税金300万元，成为园区"小巨人"企业。正是在这种服务环境下，促使基地内光固化打印技术、固相增材制造技术、三维面扫描技术、聚醚醚酮打印技术、碳纤维打印技术、金属制粉技术、3D教育集成技术国内领先，具备自主知识产权。其中固相增材技术、聚醚醚酮打印、碳纤维打印技术为国内首创，园区独有，未来发展潜力巨大。

（五）建立产业孵化体系，全力打造生态链条

高新区主要领导一直强调：3D打印技术本身为社会进步带来的效应，可谓"牵一发而动全身"，在研究3D打印项目时，对于好的项目，要在政策允许范围内给予最大的支持，打造生态链条，推动产业集群发展。如陕西智拓固相增材制造技术公司，2016年9月进驻园区后主要以3D打印固相增材制造技术研究和产业化为主。高新区简化办事程序，提高工作效率，5天时间完成企业前期手续办理，1个月时间完成厂房装修改造，积极联系中广核集团、商飞等应用客户，安排创投基金跟进，及时将这项技术汇报衔接工信部赛迪研究院，推动该企业成为中国增材制造产业联盟理事单位。通过系统推动，坚定了企业负责人扎根园区发展的理念，短短6个月，企业实现产值5700万元。另外，陕西瑞特公司、渭南领智三维公司等一批新公司也已经脱离单纯意义上的产品模式，实现了一个公司孵化一群公司，进而形成一个产业的新格局。

二、园区建设经验

（一）确保规划实施

坚持一张蓝图绘到底，建设初期成立渭南3D打印产业培育基地办公室，

由一名管委会副主任专职任基地办主任。高新区规划、土地、财政、工商、环保、质量技术监督、国税、地税等部门大力支持基地的建设，确保基地按发展规划如期建成。

（二）投入保障措施

渭南高新区设立人才发展专项资金 5000 万元、科技创新发展专项资金 2000 万元、渭南 3D 打印产业发展专项 2000 万元，用于科技人才培育引进、科技成果转化和产业化、公共服务平台建设补助等。设立首期规模 2.5 亿元的 3D 打印创业投资基金，用于产业培育引导。协调市政府在市级科技发展专项资金里每年列支 500 万元，用于 3D 打印产业培育基地配套设施、公共服务平台建设。

（三）服务保障措施

建立国有独资公司渭南高新区火炬科技发展公司，专职负责 3D 打印基地建设、投资、孵化、运营、管理、服务，全流程代办各类手续，运营公共平台，对接应用市场，落实相关政策，精准服务园区企业。

（四）招商保障措施

渭南高新区充分发挥新型招商体制的优势，将全员招商与基地专业招商紧密结合，利用全国各地行业展会及各类招商洽谈会加强在 3D 打印产业方面的宣传推介，为基地引入更多具有自主创新技术的高水平团队。通过优质服务，实施以商招商，借助陕西 3D 打印科技资源优势和产业发展优势，重点吸引 3D 打印材料、技术、设备等产业链领军企业入驻基地。

（五）加强产业交流

渭南高新区每年举办 1 次全国性高水平的 3D 打印论坛，邀请工信部、国家发改委、科技部等部委领导与全国知名专家学者及 3D 打印企业家参加，每季度都有相关大型活动在园区举办，每月都有一次培训活动，能够加速推动渭南 3D 打印产业培育基地的发展。

第十三章　石家庄通用航空产业综合示范区

近年来，通用航空产业发展得到了国家的高度重视，一系列国家通用航空产业政策的颁布为通用航空产业发展指明了方向。石家庄一直大力发展通用航空产业，也得到了国家和河北省的支持。从国家战略定位来看，《民用航空工业中长期发展规划（2013—2020 年)》中明确指出重点依托石家庄等优势地区发展大中型通用飞机、公务机和特种飞行器。《京津冀协同发展规划纲要》指出京津冀协同发展将以"一核、双城、三轴、四区、多节点"为骨架进行空间布局，石家庄作为其中一个重要节点，通用航空产业迎来了历史性的重大发展机遇。2017 年，按照国家发展改革委《关于建设通用航空产业综合示范区的实施意见》的要求，开展建设石家庄市通用航空产业综合示范区试点工作。从河北省战略定位来看，河北省出台了《关于促进通用航空业发展的意见》《促进通用航空产业发展贯彻落实方案》，并与中航工业集团签署了《深化通用航空产业战略合作协议》，致力于将石家庄等地打造成为中国通用航空全产业链发展基地。

第一节　发展现状

一、产业规模

石家庄市作为全国重要的通用航空产业生产和研发基地，拥有众多行业领先企业，包括中航通飞华北飞机工业有限公司、河北恒拓电子科技有限公司等通用航空器研发制造企业及中国宏泰等通航运营、通航服务及产业市镇建设企业。其中，中航通飞华北公司是中航工业通飞公司的核心骨干企业，是国内领先的通用飞机专业化制造企业，目前为世界三大通航企业集团之一中航通飞的北方主基地，建有多型通用飞机生产线，并积极拓展通航运营业务。中航通飞华北公司拥有多个在产先进机型，在国内市场覆盖率达75%，市场占有率超过20%，石家庄爱飞客航空俱乐部、呼伦贝尔中航通航公司和河北中航通航公司都是中航通飞华北公司旗下的公司，中航通飞华北公司围绕通用航空装备制造、通用航空运营以及通用航空服务全产业链进行布局，在业界发挥了很好的示范引领作用。

二、主要产品

石家庄通航产业综合示范区主要发展航空制造、改装维修、航空运营、科技研发、会展销售、航空运动和航空培训七大核心产业板块。作为石家庄通用航空综合示范区的龙头企业，中航通飞华北公司的主要航空产品包括小鹰500轻型飞机、运五B多用途飞机、赛斯纳凯旋208B型飞机等，这些产品均是国内通用航空市场的主力机型，市场份额在同类飞机中占据主导地位，产销量逐年上升。其中，小鹰500轻型飞机已经进入国际市场，出口到了东南亚、南非等地。

三、经济效益

中航通飞华北公司2015年实现主营业务收入7亿元、利润3830万元。2015年、2016年，连续两届石家庄通用航空展暨爱飞客飞行大会在石家庄栾城机场成功举办，多方位展现了全球通航产业研制生产及运营服务方面取得的新成绩，受到各界高度关注，每年吸引观众超过30万人。2016年11月1日，珠海航展开幕当天，中航通飞华北公司分别与富源融资租赁（北京）有限公司、宇翔盛泰航空产业发展有限公司签订了50架小鹰500飞机购机意向协议及4架国王350飞机购机合同，预计成交额3.65亿元。

四、技术进步

通用航空产业是高科技、高效益、高投入、高风险、周期长的产业，具有技术密集、产业关联性强和综合性高的特点，在促进投资和消费增长方面具有重要拉动作用。石家庄市通用航空产业综合示范区拥有中航通飞华北飞机工业有限公司、河北恒拓电子科技有限公司等通用航空器研发制造及通航运营、通航服务企业，已经初步形成了较为完整的通用航空产业体系。通过不断加大研发投入，大力发展通用航空器核心关键零部件等配套产业，推动通用航空全产业链发展。

五、产业集群

目前，以中航通飞华北公司为依托的石家庄栾城通航产业园区已初具规模，形成了以固定翼通用飞机为代表的较为完整的航空产业体系。石家庄通用航空产业综合示范区以专业化、规模化、集群化为方向，积极推进国际合作，支持优势企业做大做强，提升产业整体配套水平，打造一批具有核心竞争力的骨干企业，支持众多中小企业集聚创新，形成制造优势明显、运营服务完善、发展环境优良的具有较强国际竞争力的通用航空产业集群。

第二节　发展经验

一、产业推进经验

（一）推动通用航空全产业链建设

石家庄通航产业综合示范区大力发展航空制造、改装维修、航空运营、科技研发、会展销售、航空运动和航空培训七大核心产业。充分发挥中航通飞华北公司在通用航空器制造方面的优势，开展小型固定翼飞机整机制造、水陆两栖飞机整机制造、涡桨多用途飞机整机制造、中型公务机整机制造。大力发展无人机服务产业，吸引更多航空配套企业发展飞机零部件、发动机生产制造、机载设备制造等产业。依托栾城通用航空产业园大力开展支线与通勤航空运输，建设石家庄通用航空综合维修服务基地，为机场通航运营企业提供全寿命周期维修、保养服务，新飞机装饰等服务。充分依托现有航空科技研发基础，发展飞机型号研发、飞机产品改进研发、航空材料研究、生产工艺研发、新技术新产品转化研究等产业。围绕每年举办的通用航空飞行大会，吸引全国及国际高端客户，重点发展相关展览、论坛、通航产业推介等活动。

（二）促进通用航空产业合理布局

石家庄通航产业综合示范区合理布局通用航空产业，形成以通用航空产业园为核心，辐射京津冀和华北区域，支撑石家庄装备制造产业园及其他地区产业发展，承接外溢、产业协作、产城融合的合理布局模式。其中，核心载体石家庄市通用航空产业园根据园区产业发展需求及土地利用现状，结合圈层式空间布局模式及产业发展需求和布局，先期发展运营服务、飞机展销、飞行支持中心、客户服务中心、通航培训、培训教育、飞机大部件、无人机研发与服务、航空衍生先进装备制造和配套综合社区等，依据各产业相关性及其对机场的依赖程度，按时序进行合理化布局。同时，结合地区特点及发展情况，打造适宜石家庄产业优势的通用航空小镇，通过产业市镇建设带动河北省通航产业发展规划制定实施，与机场、旅游、商业等紧密衔接、互动，促进通航产业一体化链条形成。

（三）积极争取国家和地方政策支持

石家庄通航产业综合示范区积极对接《"十三五"国家战略性新兴产业发展规划》《中国制造 2025》等国家相关产业政策，落实《石家庄市加快通用航空产业发展的实施意见》，积极争取国家、省政策支持。石家庄市加大对通航产业的资金支持力度，重点支持通航产业基地建设、航空项目引进、技术开发等。在总体规划、土地使用、综合性立法保护、建设投资、行政事业性收费减免、财政税收扶持等方面出台配套政策。石家庄市有关部门以通用航空产业高层次人才引进、培养、使用和激励为重点，不断优化人才结构，重视人才引进，特别是引进掌握关键核心技术、带动产业发展的领军人才和团队。

二、园区建设经验

（一）大力营造创新环境

发挥中航通飞华北公司、中国宏泰等企业平台作用，与航空院校、企业进行战略合作，围绕通用航空产业发展，建设特色鲜明、创新资源集聚、配套完善的专业性众创空间，发展创客空间、航空主题咖啡吧、创新工场、飞行模拟体验中心等多种形式的创新创业创意中心，组织非营利性质的创业路演、创业大赛、创业论坛等各类创业活动。围绕产业转型升级技术需求及京津冀协同创新，打造以企业为主体、市场为导向、产学研相结合的通用航空产业技术创新体系。依托创新优势企业和通用航空重点产业，开展产业关键、共性技术联合攻关，建设创新孵化器、检测中心、工程研究中心等，引导创新要素向通用航空整机、关键零部件研发制造等领域、重点创新企业集聚。

（二）完善基础设施建设

以航空市镇建设为依托，保障石家庄示范区通用航空产业发展，加快基础设施及功能配套设施建设。基于产城融合发展原则，充分发挥 PPP 模式效能，加快石家庄通用航空产业市镇、栾城通用航空产业园基础设施建设步伐，推进以全产业链发展带动城市建设，以城市服务配套完善支撑产业升级，完善示范区产业园区的商业服务、职工居住、市政交通等基础设施，围绕通用航空小镇建设生产性服务业区域。加强与京津保等地的优质资源对接，有效提高示范区"软基础设施"建设水平。

（三）积极构建低空航线网络

石家庄通用航空产业综合示范区通过布局一批通用机场及起降点，对接河北省及京津冀地区通用机场整体布局，形成区域通用机场网络覆盖，为发展跨区飞行、往返京津冀周边地区飞行提供良好的机场环境。建设通航旅客服务设施和固定运营基地（FBO），并逐步开通低空航线，建设京津冀低空交通示范区，保证私人飞机和公务飞行活动。充分利用民营企业力量，积极与军方协商，促进机场建设及低空空域开放，积极争取石家庄进入国家低空空域管理改革试点范围，与周边地区空域做好衔接。

企业篇

第十四章　埃夫特智能装备股份有限公司

埃夫特智能装备股份有限公司成立于 2007 年 8 月，是我国销售规模最大的工业机器人厂商。埃夫特智能装备股份有限公司通过多年自主研发，已形成机器人应用领域的全面覆盖，尤其是收购专注喷涂领域的 CMA 机器人公司与聚焦金属高端加工及智能产线的 EVLOUT 机器人企业后，企业在喷涂、金属高端加工等领域，已具有领先的技术优势。埃夫特的产值已连续 4 年实现 80% 以上递增，六关节型机器人销量位居同类别国产机器人企业首位。

第一节　企业基本情况

一、发展历程与现状

（一）发展历程

埃夫特智能装备股份有限公司成立于 2007 年 8 月，是我国销售规模最大的工业机器人厂商。2012 年底，企业积极实施"走出去"战略，汽车零部件、卫陶、五金、家电、机加工、酿酒及消费类电子等产品在国际市场上具有较强优势，市场规模不断扩大。企业研发的首台重载 165 公斤机器人荣获"2012 年中国国际工业博览会银奖"。2013 年 5 月，埃夫特正式成立蔡鹤皋院士工作站，成为中国机器人产业联盟发起代表企业和成员单位。2015 年，埃夫特智能装备股份有限公司还获得了"年度机器人本体奖金球奖""年度最具投资价值公司""年度本土机器人品牌价值奖"。2017 年 9 月，埃夫特智能装备股份有限公司收购欧洲知名汽车装备和机器人系统集成商 W.F.C 集团的交割仪式在都灵举行，促进埃夫特公司进一步国际化。

（二）发展现状

埃夫特智能装备股份有限公司通过多年自主研发，已形成机器人应用领域的全面覆盖，尤其是收购专注喷涂领域的 CMA 机器人公司与聚焦金属高端加工及智能产线的 EVLOUT 机器人企业后，企业在喷涂、金属高端加工等领域，已具有领先的技术优势。尤其在汽车焊装工艺设备、自动化输送设备、涂装工艺设备、机器人集成应用等领域有显著进步。

目前，埃夫特能够向用户提供全方面的机器人、系统集成解决方案及专业的自动化装备设计制造服务。企业旗下有六大事业部，分别为通用机器人研发制造、喷涂机器人、高端金属加工及汽车装备自动化领域，并在意大利设有智能喷涂机器人研发中心和智能机器人应用中心。

作为"国家机器人产业集聚试点区域""安徽省机器人产业集聚发展基地"与国内机器人行业的领先厂商，埃夫特先后承担了工信部国家科技重大专项 2 项，科技部"863 计划"项目 4 项，国家发改委智能制造装备发展专项 5 项。如今，埃夫特公司正步入高速发展期，已经成为中国智能装备强有力的代表企业。

（三）企业文化

中国企业正在向全球产业价值链中高端攀升，我国也相继制定了培育发展战略性新兴产业、工业转型升级的一系列战略规划。在这样的背景下，埃夫特智能装备股份有限公司设定了人才战略、科技战略与国家化战略三大战略，应对制造业转型升级的新要求，以"精益、创新、共赢"的价值观，不断发展自身产品与客户，在市场中处于领先地位。

二、企业重点产品

（一）CMA 工业机器人

埃夫特通过与 CMA 合作，促使机器人产品线进行互补，其中重点合作领域集中在喷涂工艺和喷涂自动化系统的研发方面，取得长足的进步。在技术方面，CMA 公司在机器人离线编程技术、视觉定位、快速示教、防爆设计等方面有先进的经验。目前，埃夫特的 GR650ST 型、GR6100HW 型、GR6100ST 型、GR520ST 型、GR630E 型等机器人在市场应用中取得良好的效果。

（二）EVOLUT 系统

2016 年，埃夫特智能装备股份有限公司与 EVOLUT 公司签订战略合作协议，并宣布成立合资中国子公司埃华路中国。EVOLUT 是欧洲通用工业机器人最为知名的系统集成商之一，金属加工和表面处理领域有着领先的系统集成经验，已完成 2500 余套智能机器人系统的安装和使用。埃夫特的产品研发与技术发展方向将逐渐侧重两方面：一是基于"工业 4.0"的背景下，面向特定行业整合机器人智能化技术，加强智能传感和数据采集技术与产品的研发，并向用户提供智慧工厂、智慧车间的成套解决方案。二是基于目前已存在的机器人应用工艺与先进的经验，按照特定的信息化处理形成工艺专家系统，并且为埃夫特即将启动的下一代智能作业机器人平台的开发提供原始的工艺数据积累。

（三）自动化装备

埃夫特研发生产的自动化装备包括高洁净喷漆室、低能耗烘干室、摩擦式输送机、鳞板输送机、辊道输送机、滑橇输送系统六大产品。

高洁净喷漆室的室体为密闭状态，运行时采取上方送风与下方抽风的操作方式，确保喷放洁净的纯净度，防止外部污染影响。含漆空气与循环水混合后经排风系统推动通过漩涡流通器后，能够加速至最高 160 公里/小时，以此保证油漆能够充分被捕捉利用，极大程度减少底部的污染，降低了运营成本。

低能耗烘干室主要用于在涂装作业过程中加热、固化涂层，涂装作业涂层烘干室的设计、制造、安装、检验与维护都达到国内较高的安全技术要求与水平。产品的特点包括：加热迅速，升温时间极快，密封效果较好，漏气污染的风险极低，且运行能耗很低。运行过程中的废气也能经过二次燃烧，余热被回收，将污染降低到最小。

摩擦式输送机是一种新型机械化输送设备，利用摩擦力原理驱动部件进行输送，能够广泛应用于汽车焊装、涂装及总装车间车身或部件的储运。

机器整体结构包括轨道系统、摩擦驱动单元、承载车组、相关辅助装置及电控系统等组成。装备与传统链条输送机相比，具有制作周期较短、可操作性强、污染及噪声较低的优势。此外，摩擦式输送机与升降机、移载机等专用设备能够组合形成系统，承担工件输送、定位、提升、移栽、装卸等功能。

辊道输送机广泛应用于各类箱、包、托盘等件货的连续输送与堆积。产品分为动力辊道输送机和无动力辊道输送机。在积放、移行、分岔、合流、转向等辅助转机应用中，具有得天独厚的优势，在生产线中的应用也能够提升工作效率。

滑橇式输送系统主要应用于汽车行业的焊装、涂装、总装等生产线上。操作原理是固定在地面或者空中平台的滚床中，作为动力源并依靠摩擦力使得置于上方撬体运动。能够实现工件运输及柔性转移。避免了其他链传动输送机之间同步控制的难点，设备的灵活性强，运输工件能够实现线间平移、直角转弯、垂直提升、水平旋转。

（四）解决方案

汽车零部件行业的解决方案包括焊装车间焊接成线应用、汽车零部件弧焊应用、汽车发动机加工机床上下料应用、发动机缸体拆剁视觉搬运应用、客车车身骨架焊接应用、汽车发动机引擎盖涂胶应用。卫浴行业的解决方案包括机器人柔性喷涂应用、五金件打磨抛光应用、智能跟随关节臂快速示教应用、水龙头打磨抛光工作站应用。家电行业的解决方案包括松下家电行业搬运、空调冷凝器吹水应用、空调外壳加工压机上下料应用、空调箱体搬运应用。此外，在教育行业、机床行业、酿酒行业、炊具行业、食品行业，埃夫特都为特殊行业与应用设计并执行解决方案，如炊具喷涂应用、米袋及箱体搬运码垛切换、高温加工件电炉及压机上下料应用。

第二节 企业经营与技术情况

一、企业经营情况

2015 年 10 月，埃夫特智能装备股份有限公司迁入了芜湖机器人产业园内的新厂址，这一国家级机器人产业园拥有 9 万平方米的机器人研发中心、设计产能超过万台的机器人生产制造基地。该生产基地，以埃夫特智能装备股份有限公司为龙头，聚集区内工业机器人产业逐渐形成规模，埃夫特万台机器人项目历时两年筹备与建设，年设计产能超出之前 10 倍。项目一期两条产能 3000 台的生产线已经正式投入使用。

埃夫特的产值已连续 4 年实现 80% 以上递增，六关节型机器人销量位居同类别国产机器人企业首位。此次搬迁后，埃夫特的年设计产能翻了 10 倍，迎来历史性"蜕变"。埃夫特计划依托该项目，预计到 2020 年，实现年产工业机器人突破 1 万台、销售收入达到 50 亿元，建设"国际领先、国内一流"的机器人研发生产基地。

二、企业技术情况

首先，埃夫特智能装备股份有限公司本着"以人为本"的技术发展理念，不断完善技术创新机制建设，积极加强人才引进和培养，设有埃夫特—哈工大机器人研发中心；成立蔡鹤皋院士工作站，收获专利 80 余项；在意大利乌迪内设有智能机器人研发中心等。其次，埃夫特在技术合作创新上取得了突破性进展，加强同多家企业的合作，均取得了良好效果。再次，配套设施的保障，为埃夫特技术的发展提供了不可或缺的支持，年产 1 万台的工业机器人装配检测线、投入 1.3 亿元人民币的产业化基地建设、聚集芜湖机器人产业园内产业资源，均大大提升设计产能。最后，与市场需求的结合，是埃夫特技术革新的动力，技术涉及领域广泛，包括汽车零部件、卫陶、五金、家电、机加工、酿酒及消费类电子等，且逐步向新兴领域行业扩散。

三、企业发展经验

（一）创新与技术结合

具体来说，第一，借力深厚的技术底蕴。埃夫特的前身是奇瑞汽车设备部门旗下的装备制造科，在设备选型和维护保养等工作上，积累了大量的产品与应用经验。第二，进行严格的技术质量把控。埃夫特在产品质量上有严格的标准，并于 2010 年 3 月通过了 ISO9001 国际质量体系认证。第三，创新能力力争国际一流水准。作为国家机器人产业区域集聚发展试点重点单位，以及国家机器人产业联盟副主席单位，同相关知名大学和知名院士等建立了良性稳固的科研资源合作模式，参与国家及省级重点科研项目共 20 余项。

（二）生产与需求结合

第一，紧紧围绕创新共赢的价值观。埃夫特应对制造业转型升级的新要求，以"真诚、勤奋、精益、创新、共赢"的价值观，致力于不断完善自身产品，在市场中处于领先地位。第二，市场范围不断扩大。企业积极面对外部市场，不断渗透新兴领域行业应用。第三，凭借良好的市场洞察，提升产品的解决问题能力。公司生产出汽车零部件行业、卫浴行业、家电行业所需产品。

（三）人才与激励政策结合

技术创新型企业必须具有强大的知识和技术创新能力，而具备这种创新能力的唯一资源是高素质的人才。人才来源，一方面是企业内部员工，埃夫特企业员工 500 余人，其中研发人员 300 余人，外籍技术人才超过 100 人；另一方面来自于企业外的雄厚科研力量，埃夫特作为国家机器人产业区域集聚发展试点重点单位、中国机器人产业联盟副主席单位和机器人国家标准起草单位，建有蔡鹤皋院士工作站，专利超过百项。

第十五章　蔚来汽车

蔚来汽车创办于 2014 年，是全球初创电动汽车公司，总部设在上海，注册资本 5.54 亿美元，投资方包括易车李斌、京东刘强东、汽车之家李想、腾讯、百度、联想，以及红杉资本、高瓴资本、顺为资本、淡马锡等数十家知名机构投资，四轮融资总额达到 30 亿美元。经过三年的快速发展，目前蔚来汽车已经在国内上海，国外圣何塞、慕尼黑、伦敦等 19 地设立设计、研发、生产、用户中心与商务机构，汇聚了来自近 40 个国家和地区约 4000 名顶尖人才，研发人员占 70% 以上。蔚来汽车致力于通过提供高性能的智能电动汽车与极致用户体验，为消费者创造愉悦的生活方式，成为全球范围高品质用户服务企业。

第一节　企业基本情况

一、发展历程与现状

2015 年，蔚来汽车的车队获得世界一级电动方程式赛车历史上首个总冠军，是目前唯一一个在 FIA Formula E 赛事上取得成绩的中国公司，目前，蔚来汽车正在代表着我国新能源汽车产业，与奔驰、宝马、奥迪等顶级汽车公司同台竞技。

2016 年，蔚来汽车发布了全球最快的电动汽车 EP9，创造了纽博格林北环等 4 个国际知名赛道最快圈速纪录，在德国纽博格林北环赛道测试中，以 6 分 45 秒 9 的成绩刷新了纽北最快量产车圈速纪录，进一步验证了 EP9 极限赛道高性能以及蔚来领先的电驱动技术。

2017 年，蔚来汽车发布北美战略及首款概念车 EVE，EP9 在美洲赛道创造无人驾驶时速世界纪录，打破了奥迪保持的世界纪录，成为全球无人驾驶汽车速度纪录的保持者。

2017 年 12 月 16 日，蔚来汽车 ES8——一款高性能智能电动 7 座 SUV 正式在北京发布上市，同时发布了蔚来人工智能系统（NOMI）、蔚来能源（NIO Power）解决方案以及高级自动驾驶系统（NIO Pilot）等。ES8 分为创始版和基准版，ES8 创始版将于 2018 年 3 月起交付，ES8 基础版将于 2018 年 10 月起交付。蔚来汽车 ES8 预订采用的是个性订单模式，在 APP 内根据自己喜好和预算，对轮毂、颜色、内饰以及选装配置进行个性化定制。

经过三年的快速发展，蔚来汽车已经在上海、圣何塞、慕尼黑等 19 地设立设计、研发、生产、用户中心与商务机构，汇聚了来自近 40 个国家和地区的约 4000 名顶尖人才，研发人员占 70% 以上。

二、企业组织结构

蔚来汽车全球总部、研发中心及用户体验中心均设立在上海市汽车创新港，主要承担整车研发、制造运营、营销和服务等职能。上海第二试验中心定位为全球试制试验枢纽中心，未来将打造成为新能源、智能化汽车及智能交通全球领先的研发试制中心。

图 15 - 1　蔚来汽车全球机构布局

蔚来先进制造技术中心位于南京，具有自主知识产权的三电系统在南京制造。蔚来汽车全球造型设计中心位于德国慕尼黑，主要负责蔚来产品造型设计。蔚来汽车北美总部位于硅谷核心区域圣何塞，主要负责智能网联与前沿驾驶技术研发等工作。蔚来汽车车队和高性能产品总部位于英国伦敦，主要负责国际汽车联合会电动方程式项目运营管理、策略及 EP9 纯电动超跑等项目。

蔚来汽车主要分为整车工程部、质量部、电动力总成部、电源管理部、软件研发部、财务部、采购部、企业发展部、城市运营部、制造运营部、蔚来驱动科技部、服务运营部、用户发展部、用户中心部等业务部门。

图 15 - 2 蔚来汽车组织架构

三、企业技术状况

蔚来汽车从成立之初就坚持正向开发战略，2017 年，公司研发方面的投入突破 30 亿元，从 2015 年至今，蔚来汽车在研发方面的投入已超过 60 亿元人民币。目前，蔚来汽车共取得了 483 项专利，其中国内发明专利 262 个，实用新型专利 131 个，外观设计专利 15 个，并且在欧盟取得 7 个外观设计专利。

蔚来汽车 ES8 采用全球领先的高性能电驱系统，搭载最新一代英飞凌功率控制块，前后双电机，最大输出马力 650PS，最大输出功率 480kW，最大输出扭矩 840N·m。ES8 等速续航里程超过 500 公里，NEDC 综合工况 355 公里，主要得益于 70 千瓦时液冷恒温电池组，全球领先和能量密度最高的 VDA 车规级方形电芯，安全可靠，循环寿命高达 2000 次，是 18650 电池的 3 倍。车身采用航空级全铝架构，整车抗扭刚度高达 44140 牛米/度。

蔚来汽车的 NIO Pilot 具有 20 多项功能，感知系统方面，NIO Pilot 具有多达 23 个感知硬件，包括 5 个毫米波雷达，3 个前向摄像头，4 个环视摄像头，12 个超声波传感器以及 1 个驾驶状态检测的车内摄像头。计算能力方面，ES8 是全球首款装载 Mobileye EyeQ4 自动驾驶芯片的量产车型，计算能力比上一代提升 8 倍，NIO Pilot 的响应速度在 20 毫秒以内，比驾驶员快十几倍。学习能力方面，搭载全新一代高性能智能网关 LION，具有强大的数据交换与远程升级能力，令 NIO Pilot 具有自我学习、持续升级、不断进化的能力，用户可以通过传阅和远程升级的方式使用 NIO Pilot。ES8 搭载车载人工智能系统 "NOMI"，基于云计算平台和强大的车载计算能力，集成了语音交互系统和智能情感引擎，创造了一种全新的人车交互方式。

蔚来能源 NIO Power 是一套全球首创的电能服务体系，由专属桩、超充网络、换电站、移动充电车、蔚来云和蔚来专员组成的组合服务体系，致力于让加电比加油更方便。其中专属桩具备即插即充、预约充电、APP 控制等功能等，并将为有条件的用户免费安装充电桩。蔚来的换电站拥有超过 300 项专利，为蔚来用户打造极致加电体验，全自动换电将在三分钟之内完成，无须排队等待，无须下车付款，每次换电都会对电池和整车电气系统进行检测，确保整车和电池始终处于最佳状态。

第二节 生产经营情况

一、主营业务

蔚来汽车致力于提供高性能的智能电动汽车和极致用户体验，为用户创造愉悦的生活方式，成为全球范围高品质用户服务企业。

蔚来拥有全球的前瞻技术和研发团队，通过与先进制造企业达成创新合作，打造一流的整车和动力总成生产布局及供应链，致力于为全行业提供高性能的电驱动和汽车智能科技解决方案。目前，70%的供应商伙伴来自海外，并不断优化整条供应链，其中核心供应链区域在半径600公里以内，从上海昆山、常数、南京，再到武汉，产业布局已经形成。

二、生产运行

蔚来汽车自2017年12月16日上市以来，首批一万辆车已经售罄，目前尚未公布具体的订单量。根据新能源汽车补贴规定，每辆车可以获得的国家补贴约为48000元，同时还将有地方补贴，合计约9000—10000美元。

2016年4月6日，蔚来汽车与安徽江淮签署了战略合作框架协议，双方合作从事新能源汽车生产活动，初步计划年产销量5万辆，并且每年做一次年产量预测，蔚来汽车同时承诺除第一款车型ES8外的后续车型优先导入。

2017年4月9日，蔚来汽车第二家整车厂合作伙伴正式落地，长安汽车与蔚来汽车正式签署战略合作协议，根据协议，双方将在新能源技术、智能技术等方面进行合作。

合肥整车制造基地是为生产ES8全新打造的、全球自动化程度最高的全铝工厂，占地约1000亩，总建筑面积约23万平方米，设有冲压车身、涂装、总装四大工艺及质量、试车和能源三大中心，计划一期产能10万辆并具有可扩展性。目前，合肥先进制造基地已进入试生产环节，未来ES8采用个性化定制，按订单生产的模式。

南京电驱动系统制造基地及整车试制线于2016年下半年投入运营，具备年产28万台（套）高性能电机及电控系统的产能，率先投产的是未来具有自主知识产权的世界级高性能电机及电控系统。2016年10月，未来首批高性能电驱动总成（EDS）下线，2017年5月，第一辆ES8试制车在该基地下线，目前南京电驱动系统制造基地及整车试制线已经全线投入运营。

第三节　经营发展战略

目前，蔚来汽车的年产目标是 10% 的市场份额。蔚来汽车将于 2018 年在 10 个城市开 10 家蔚来中心，销售网络线下主要依靠蔚来中心，蔚来中心将进一步扩展，每个城市会根据用户的活跃程度决定是否开设蔚来中心，其中大城市将是蔚来汽车首先考虑的地点。2018 年上半年做完 300 万公里测试之后可以第一批交付，预计将交付数百辆新车给车主。

在产品方面，蔚来汽车会推出多款全新的产品，产品价格也将逐步下探，ES6 有望成为蔚来汽车的第二款产品，计划于 2020 年正式投放市场。

在基础设施方面，到 2020 年蔚来汽车按照 3 公里城市半径，计划在全国建设超过 1100 座换电站，并投放超过 1200 辆移动充电车。蔚来汽车还加入了国家电网的超充（总数 42000 根），可以为蔚来的车型进行充电，同时蔚来汽车的 Power Mobile（移动换电车）将逐步投放使用。

加利福尼亚州商业与经济发展办公室主任 Panorea Avdis 表示，期待蔚来汽车到 2025 年布局 150 万辆零排放汽车的目标达成。

第十六章　杭州先临三维科技股份有限公司

　　杭州先临三维科技股份有限公司（以下简称"先临三维"）成立于2004年，业务领域涵盖3D扫描、3D打印、3D材料、3D设计与制造服务、3D网络云平台，致力于建设3D数字化与3D打印技术生态系统，在综合实力、销售规模、技术种类、服务保障能力等多方面均处于行业领先水平。公司专注于将3D数字化与3D打印技术进行融合创新，提供一体化综合解决方案，应用于工业制造、生物医疗、教学创意消费等众多领域。截至2017年12月31日，已授权和申请中的专利合计354项，软件著作权合计88项。2017年，公司保持良好的发展态势，近50款拥有自主知识产权的3D扫描与3D打印设备产品，形成了完整的3D产品链，在工业、医疗、教育消费等领域销售均实现快速增长，从2.35亿元增长到约3.1亿元，平均增速约32%。

　　未来，先临三维将扎根杭州，布局全球，着力建设3D数字化与3D打印技术生态系统，全力推进以人为中心的"3D打印+互联网""3D打印+云制造+教育+医疗"的大消费战略，构建先消费再生产的新型生产消费模式，迎接个性化定制时代，成为具备国际影响力的中国3D打印产业领军企业。

第一节　企业基本情况

一、发展历程与现状

　　先临三维成立于2004年，2004—2010年七年间形成了创业扫描设计技术、打印制造技术、视觉检测技术三大技术板块。2011年形成面向工业制造、生物医疗、教育消费三大领域综合解决方案。2014年8月8日在新三板挂牌

（830978），是中国 3D 数字化与 3D 打印第一股。2017 年，公司营收突破 3.6 亿元，形成"1＋4"格局，技术领域涵盖 3D 扫描、3D 打印、3D 材料、3D 设计与制造服务、3D 网络云平台，致力于建设 3D 数字化与 3D 打印技术生态系统。

先临三维拥有金属、尼龙、树脂、塑料、生物材料和细胞等多种工艺的 3D 打印设备系列以及各类精度和用途的 3D 扫描设备系列。公司产品已销往全球 70 多个国家和地区，公司产品和服务已累计服务和进入近 1 万家企业、近千家医疗相关机构和近 1 万家教育相关机构，在综合实力、销售规模、技术种类、服务保障能力等多方面均处于行业领先水平。

二、企业组织结构

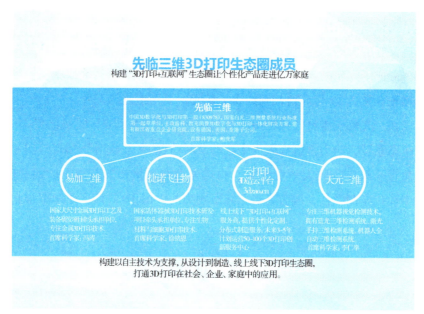

图 16－1　"1＋4"格局示意图

三、企业技术概况

先临三维建有浙江省级重点企业研究院，按照"创新驱动、需求牵引、产业互动、协同推进"的发展思路，重点在三维数字化技术、3D 打印技术、

3D打印云平台等关键技术方面开展协同攻关和产业应用。公司聘用浙江大学计算机图形学和虚拟现实领域学术带头人鲍虎军为公司的首席科学家，以及其他7名国家级教授级的专家，提供三维数字化和3D打印技术支撑，公司与清华大学、浙江大学、华南理工大学等知名高校建立了3D数字化与3D打印技术联合实验室。

先临三维将产品的研发能力建设视为确保公司健康可持续发展的关键要素之一，组建了一支经验丰富、技术全面的优秀科研团队，目前共有研发人员308人，其中博士、硕士以上人员111人，涵盖计算机软件、计算机智能、图形图像、电子信息、网络工程、机械自动化、光学、材料学、工业设计等专业领域，拥有知识结构完善、学科交叉性强的人才队伍。

先临三维重点突破三大技术。一是重点突破高精度、快速3D数据获取技术，解决3D打印数据内容不足问题和快速进行全尺寸三维检测。二是重点突破金属3D打印技术，解决高端复杂零件、模具、医疗器械的直接制造。三是重点突破细胞3D打印技术，布局最前沿3D打印技术，研究3D打印人工组织器官。截至2017年12月31日，公司拥有已授权和申请中的专利合计354项，较2016年合计增加99项。其中申请中的国际发明专利10项，申请中和已授权的发明专利合计145项，拥有软件著作权合计88项。

第二节　生产经营情况

一、主营业务

（一）工业制造领域

以3D打印创新服务中心商业模式为抓手，快速予以复制推进，结合3D云平台（3D造网），形成线上线下3D打印云制造服务网络，让广大工业企业习惯且受益于用3D打印技术进行产品研发和生产，服务中心提供3D数字化技术综合解决方案，已经成功运用于汽车制造、航空航天、模具制造、电子电器、建筑等工业制造领域。

(二) 教育创意消费领域

以 3D 打印创新教室和 3D 打印创新体检中心商业模式为抓手，结合 3D 云平台，通过线上线下、校内校外，激发广大学生、家庭、大众消费者对 3D 打印产品的消费热情和兴趣。3D 打印创新体验中心将与 3D 打印创新教室形成校内校外互动；3D 打印创新体验中心和 3D 打印创新教室将与 3D 打印创新服务中心形成消费级应用和工业级应用的互动；线下 3D 打印创新体验中心、3D 打印创新教室、3D 打印创新服务中心将与公司线上云平台 3D 造网形成线上线下互动。

(三) 生物医学领域

先临三维将齿科 3D 数字化与 3D 打印业务和生物材料及细胞 3D 打印业务作为公司生物医疗领域的重点突破口，深入推进 3D 数字化与 3D 打印技术，形成从牙齿扫描设计、牙模打印到金属义齿打印的产品链，同时以控股子公司杭州捷诺飞生物科技有限公司为载体，深入推进生物材料和细胞 3D 打印技术的研发，实现更多 3D 打印产品的商业化应用。

二、生产运行

先临三维拥有完整的产品线和服务体系，同时在杭州、南京、温州、佛山、珠海、威海、重庆、海门等地开设三维数字化与 3D 打印服务中心，为航空航天、汽车、机械制造、仪器仪表、家用电器、塑料制品、家具及大众创业者等提供三维模型设计、三维数据处理、工艺技术服务、3D 打印互联网云服务平台建设等，用于产品创新和创业创新。2016 年 5 月，先临三维的杭州 3D 打印产业园正式落成入驻，占地 20 亩，建筑面积 25000 平方米，集研发、生产、销售、服务、科普、展示、体验、培训于一体，是目前国内极具影响力的 3D 打印创新中心之一，其中生产厂房面积 5000 平方米。

三、经济效益

先临三维 2016 年度营业收入 31308.46 万元，同比增长 64.55%。公司自主核心技术产品增长较快，同时随着生态系统的逐步建成，生态效应逐渐显现，2016 年度毛利率同比增长 21.19%，提高了 8.21%。2017 年，公司主动缩减部分毛利率较低、业务规模较小等盈利能力较差的业务，在工业、医疗、教育消费等领域销售实现快速增长，保持了良好的发展态势，营收突破 3.6 亿元。

第三节　经营发展战略

一、战略目标

先临三维着力建设 3D 数字化与 3D 打印技术生态系统，成为具备国际影响力的中国 3D 打印产业领军企业。全力推进以人为中心的"3D 打印＋互联网""3D 打印＋云制造＋教育＋医疗"的大消费战略，构建先消费再生产的新型生产消费模式，迎接个性化定制时代。先临三维将扎根杭州，布局全球，成为具备国际影响力的中国 3D 打印龙头企业。

二、战略实施

（一）以 3D 技术研究院和 3D 造互联网云平台为双核驱动

先临三维以省级企业重点研究院为技术依托，保持对自主核心技术的研发投入，进一步加大对 3D 造互联网云平台的技术研发投入，形成双核技术驱动。同时适时开展国际技术收购，以保障公司 3D 数字化与 3D 打印核心技术的持续领先。在技术研发上将更加注重细分行业应用，实现技术提升和应用突破，为客户创造更多价值。同时，更加注重服务和材料板块，形成装备、服务、材料完整的技术链。

（二）构建应用于社会、企业、家庭的 3D 打印生态圈

先临三维将服务 5 万—10 万家工业企业和进入 500 万—1000 万个家庭，进一步构建以自主技术为支撑，从设计到制造，线上线下打通 3D 打印在社会、企业、家庭中应用的 3D 打印生态圈，加大对"3D 打印＋互联网"战略

的投入，深入实施"3D打印＋互联网"战略，实现互联网云平台与公司核心技术装备、软件、服务等结合，让个性化产品走进亿万家庭。

（三）大力布局生物医疗领域

生物医疗领域是3D打印技术应用的重要领域，也是最前沿和最有前景的应用领域之一。先临三维将齿科3D数字化与3D打印业务和生物材料及细胞3D打印业务作为公司生物医疗领域的重点突破口，大力度布局生物医疗领域，使得3D打印技术应用进入5000—10000个医疗机构。

（四）布局建设3D打印创新服务中心

先临三维将在全国布局建设50—100个3D打印创新服务中心，更大力度推进公司商业模式的复制，在工业制造领域以3D打印创新服务中心商业模式为抓手，快速予以复制推进，结合3D打印云制造平台（3D造网），形成线上线下3D打印云制造网络，让广大工业企业习惯且受益于用3D打印技术进行产品研发和生产。

（五）进入全国5万—10万所学校

先临三维将以3D打印创新教室和3D打印创新体验中心商业模式为抓手，推进3D打印创新体验中心建设，并在全国建设5万—10万个3D打印创新教室，全力建设3D数据内容云平台，激发广大学生、家庭、大众消费者对3D打印产品的消费热情和兴趣，最终实现大众消费者对工业企业研发生产的3D打印产品的大规模消费，形成线上线下3D打印消费生态圈，进而带动3D打印设备和材料的批量销售。

（六）深化国际化发展战略

先临三维在设立美国、德国子公司基础上，将深入实施国际化发展战略，加大对海外子公司的投入，充分发挥海外子公司作用，聘用外籍人才，立足于本地化市场组建研发、运营、销售和服务团队，吸收国际先进技术力量来提高公司核心技术竞争力，拓展公司的业务渠道，完善公司的服务网络，为海外用户提供有保障的产品和服务。

第十七章　中国联合重型燃气轮机技术有限公司

中国联合重型燃气轮机技术有限公司（以下简称"中国重燃"）承担着我国"两机"专项中的重型燃气轮机任务，总部设在上海。中国重燃致力于全面整合国内燃气轮机行业人才队伍、技术积累等优势资源，通过建立新型举国体制，加快推进落实燃气轮机重大专项。自成立以来，中国重燃按照"小核心、大协作、专业化、开放式、轻资产"的指导思想，着力建成国内燃气轮机"大协作"平台，与国内企业、高校、研究所等展开合作。目前，已初步形成了重型燃气轮机设计能力。

第一节　企业基本情况

一、发展历程

燃气轮机代表了一国整体的工业水平，是能源、化工、军事等各领域的关键装备，属于高科技、高附加值产品，一直是发达国家重点发展的产业之一。随着我国经济发展和环保压力的增加，我国对燃气轮机的需求大量增加，而我国国产重型燃气轮机的自主研制工作开始于"十五"期间，起步较晚，同国际先进水平相比存在很大差距。为了推进燃气轮机的自主研制工作，2011 年中国电力投资集团公司联合国内燃气轮机制造企业和中国科学院成立了"装备制造企业—发电企业"联合团队。之后为了推动研制工作实体化，2014 年 9 月 28 日，由中国电力投资集团公司出资 6400 万元，哈尔滨电气集团公司、中国东方电气集团有限公司、上海电气（集团）总公司分别出资

1200 万元，在上海共同组建了中电联合重型燃气轮机技术有限公司，注册资本 1 亿元。2015 年，中国电力投资集团公司与国家核电重组成立国家电力投资集团公司，中电联合重型燃气轮机技术有限公司成为国家电投下属的控股公司。2017 年，经国务院同意，中电联合重型燃气轮机技术有限公司正式更名为中国联合重型燃气轮机技术有限公司。目前中国重燃在北京成立了分公司，上海总部预计将在 2019 年前全部建成投入使用。

二、技术状况

2017 年 8 月，中国重燃与北京华清燃气轮机与煤气化联合循环工程技术有限公司（以下简称"华清燃机"）展开整体化技术合作。华清燃机的前身为清华大学联合多家我国燃气轮机制造企业和中国电力工程顾问集团公司组建的"燃气轮机与煤气化联合循环国家工程研究中心"，承担国产重型燃气轮机和整体煤气化联合循环（IGCC）行业关键共性技术研究的任务，在重型燃气轮机自主研制方面取得了一定的成果。2017 年 11 月，国家电投与清华大学签署了《国家电力投资集团公司与清华控股有限公司关于中国重燃合并重组华清燃机的合作协议》，双方将在国家燃机中心建设、中国重燃与华清燃机重组及相关股权交易、F 级重型燃机 CGT – 60F 研制及其知识产权、基础研究等方面展开深入合作。协议签署后，华清燃机的员工加入中国重燃进行重型燃气轮机的研发工作。

表 17 – 1　CGT – 60F 燃气轮机性能参数

性能参数（ISO）	CGT – 60FA	CGT – 60FB
燃料	天然气	合成气
输出功率（MW）	67.5	36.9
燃气初温（℃）	1400	1330
排气温度（℃）	573	554
排气流量（kg/s）	179	194

资料来源：华清燃机公司官网。

华清燃机自成立以来，依托清华大学完成了国产重型燃气轮机相关的基础研究、核心技术开发和实验室验证，设计并完成了 CGT – 60F 国产 F 级

70MW 重型燃气轮机技术验证机，计划将其作为国产 F 级 300MW 重型燃气轮机的技术验证机。截至 2015 年底，华清燃机已申报专利 391 项，其中包括发明专利 159 项，软件著作权 39 项，燃气轮机相关专利申请量在国内企业中处于领先地位。

第二节　经营情况

一、主营业务

中国重燃主要的业务范围包括重型燃气轮机设计、研发、试验验证，相关技术开发、转让、咨询和服务，此外还有燃气轮机试验电站建设管理、运行维护和工程关键技术。

二、运行状况

2017 年，中国重燃建设完成了专项组织体系和技术体系，组建了核心技术团队，初步形成重型燃气轮机设计能力，先后完成 300MW（F 级）、400MW（G/H 级）和 1600℃重型燃气轮机概念设计。

在"大协作"平台建设方面，国家电投于 2017 年 2 月成立重型燃气轮机重大专项工作领导小组，先后与清华大学、浙江大学、西安交大、上海交大等国内高校签署战略合作框架协议，在技术开发、人才培养等方面与高校展开长期紧密合作，按照"强强联合、优势互补、协同创新、共同发展"的原则，在燃气轮机等相关领域开展深入合作。中国重燃在上海进行重型燃气轮机试验验证基地建设可行性研究，国家电投与上海市政府签订了战略合作框架协议，双方将在重型燃气轮机国家科技重大专项上深入合作。为了通过开展国际合作来加速推进重型燃气轮机研制，国家电投与意大利安萨尔多能源公司签署了合作备忘录，安萨尔多能源公司曾与西门子有过十多年的合作，燃气轮机技术与西门子一脉相承。

2017 年 7 月，中国重燃就重型燃气轮机总体结构、压气机、燃烧室、透平四个领域的专利宏观分析与国家知识产权局发展研究中心开展合作，委托国家知识产权局知识产权发展研究中心开展燃气轮机行业专利分析课题研究工作，形成了《燃气轮机专利分析项目研究报告（结构篇）》，并已通过验收。

三、产业效益

燃气轮机的应用很广，在电力领域，燃气轮机可以发电，可应用于联合循环分布式能源系统中，具备效率高、排放低的突出优点。燃气轮机是各国海军舰艇的主要动力，还可以作为偏远地区（如海上油田等）的发电装置，在石油或天然气运输管线和天然气液化储存等方面也需要使用燃气轮机作为驱动机。

燃气轮机和航空发动机工作原理与基本理论相同，核心技术十分相似。燃气轮机的技术也十分复杂，涉及热力学、燃烧学、制造工艺、控制理论等众多基础学科，科技含量很高，被称为"工业皇冠上的明珠"，可以说是世界公认的制造强国的重要标志，代表一国整体工业水平。目前在重型燃气轮机行业，巨头垄断态势不断加剧，美国通用电气公司、德国西门子公司、日本三菱日立公司三家巨头几乎垄断全球市场。按装机容量计算，2016 年通用电气占全球市场份额 52%，西门子占 27%，三菱日立占 9%。技术先进的国家依靠在燃气轮机行业的优势地位，获得了大量的贸易顺差。

由于没有掌握燃气轮机设计、高温部件制造等核心技术，我国的燃气轮机关键部件只能依靠进口，受制于人。而与此同时，我国燃气发电领域发展迅速并且还在不断增长，中国电力企业联合会统计数据显示，截至 2016 年底，我国天然气发电装机容量达到 7008 万千瓦，天然气发电量达到 1881 亿千瓦时。预计到"十三五"末，燃气发电在我国发电装机将超过 1 亿千瓦。加上我国"西气东输""西电东送""南水北调"等三大工程均需要大量30MW 级工业型燃气轮机，我国是潜在的国际最大燃气轮机市场，仅 2015 年国内燃气轮机的市场规模就达 300 亿元。目前国内燃气轮机市场九成以上被国外企业产品占据，并且由于不掌握核心技术，燃气轮机的维修费用高昂，一台燃气轮机的大修费用与一台新机相差无几，导致了拥有燃气轮机的运营企业维护成本高企，国外企业通过维修、备件等其他服务获取了巨额利润。从另一角度来讲，燃气轮机属于战略性产业，具有核心自主知识产权的先进燃气轮机研发和制造生产过程将带动包括精密制造、增材制造、高温合金、过程控制、设计软件等一系列产业发展。我国正在实施创新型国家、低碳能源革命、"中国制造2025"等战略，燃气轮机技术的发展将会有效推动企业提高自主创新能力，有利于我国经济的长期增长与发展，并且对产业竞争力整体提升具有全局性影响。正是由于以上原因，我国将航空发动机及燃气轮机国家科技重大专项列入《国家中长期科学和技术发展规划纲要（2006—2020年)》，大力投入，重点支持，推动航空发动机和燃气轮机产业的发展。

第三节　经营发展战略

一、战略目标

通过重型燃气轮机国家科技重大专项的实施，中国重燃致力于突破重型燃气轮机设计、高温部件制造和运行维护等关键技术，建立先进重型燃气轮机完整的设计、研发、试验、材料、制造体系与专业人才队伍，掌握自主知识产权，形成自主品牌，实现科研、设计、试验、制造、运维等步骤的相互衔接，解决我国燃气发电项目存在的设备成本的瓶颈。中国重燃计划2023年前完成研制并定型300MW级（F级）重型燃气轮机产品，截至2030年，研制完成400MW级（G/H级）产品，满足我国电力市场需求和重型燃气轮机产业持续发展的需求，使我国自主研制的重型燃气轮机产品成为"中国制造"的新名片，使我国进入世界燃气轮机先进国家行列。

二、战略实施

中国重燃是"两机"专项中的重型燃气轮机任务实施单位，为了推动重燃专项实施，中国重燃把握重燃专项高精尖科技特征，把方向、管大局、保落实，致力于全面整合国内燃气轮机行业的人才队伍、技术积累等优势资源，建立新型举国体制，加快推进落实燃气轮机重大专项战略目标。

从重燃专项刚起步开始，中国重燃以"小核心、大协作、专业化、开放式、轻资产"作为指导思想，并一贯秉持"一切为了研发、一切围绕研发、一切服务于研发"的核心理念，充分发挥市场的导向作用，充分用好政府支持，激发企业、科研院校大力合作的积极性，按照市场化要求，着力构建多方协作的大平台。中国重燃公司积极开放吸纳相关企业入股和科研院校参加，聚集了哈尔滨电气集团、东方电气集团、上海电气集团等我国领先的燃气轮机制造企业，国家电投等发电企业和中科院等相关科研院校，按照"风险共担、成果共享"的原则，最大限度发挥"大协作"单位的积极作用，为推动重燃专项提供最大合力。

中国重燃把"设计是灵魂、材料是基础、工艺是保障、测试是关键"作为自己的工作思路，着眼于重型燃气轮机国家科技重大专项快速高效实施，着力在重燃专项研制全过程中坚持创新驱动，按照系统化的理念和思想，运用系统工程的方法推进重燃专项的研发工作，贯穿质量为先的要求，构建绿色研制体系，在重燃研发中积极推进信息化和工业化的深度融合，同时坚持以人为本，坚持把人才作为取得重燃专项成功的根本。目前，全国仅有数百人能够从事重型燃气轮机研发，为了积极引进创新人才、吸引人才、留住人才，最大程度激发研发队伍的积极性，中国重燃以市场化方式，打破国有企业体制机制的束缚，聚天下英才。针对高级专业技术人才和高级技术管理人才两类稀缺人才，公司完全按照市场化方式来确定薪酬水平。

作为一个高科技公司，中国重燃公司管理层在制度设置上按照"一切为了研发，一切围绕研发，一切服务于研发"的核心理念，研究出台允许科研设计试错、容错的机制，最大限度为员工创造一个自由、宽松的工作环境。还在全公司员工中推广以"家国情怀"为主要内容的重燃文化，发挥"国家使命"的引领力，激励广大员工展现出知识分子的认真、敬业、纯朴等优秀品质，以强烈的家国情怀投入重燃专项工作中，在重燃事业发展的过程中努力奋斗。

第十八章　江苏扬子江船业集团公司

江苏扬子江船业集团公司以集造船及海洋工程制造为主业，金融投资、金属贸易、房地产和航运及船舶租赁为补充的大型企业集团。江苏扬子江船业集团公司具有 50 多年的造船历史，主要从事 40 万载重吨级以下大中型远洋运输船舶制造、海洋工程和大型钢结构件制造等业务，是江苏省高新技术企业、江苏省创新性企业、江苏省优秀民营企业和江苏省开放型经济先进企业。公司拥有巨型干船坞三座，大中型船台三座，年造船生产能力 600 万载重吨，以 1100—14000TEU 的大中型集装箱船、7600—400000DWT 的大中型散货船及各种多用途船和海洋工程装备制造、大型钢结构件制造等为主流产品。

第一节　企业基本情况

一、发展历程与现状

江苏扬子江船业集团公司是以造船及海洋工程制造为主业，金融投资、金属贸易、房地产和航运及船舶租赁为补充的大型企业集团。公司的历史可回溯到 1956 年，由江阴县城区修造船生产合作社起步，经营业务以租船为主，代客修造为辅；1958 年成立江阴县交通机械厂，经营方式是"以销定产"，逐步朝着专业造船工业方向迈进，产品主要以木船和水泥船为主，并逐渐试生产机动船；1962 年，公司更名为江阴县船舶修造厂，1968 年制造出第一艘钢制船，产品也由木质船逐渐转变为钢制船；1983 年开始发展拆船事业，1989 年成立修船分厂，形成造、拆、修三业并举格局；1992 年 6 月，江苏扬子江船厂正式挂牌，经营业务包括造船、修船、拆船，并逐渐向海外市场扩展，产品成功地由驳船转轨为机动船；1998 年开始承接万吨远洋船舶制造业务；1999 年成立江苏扬子江船厂有限公司；2007 年 4 月，江苏扬子江船业集团公司正式成立并在新加坡挂牌上市。

二、企业组织结构

目前，集团公司下辖江苏新扬子造船有限公司、江苏扬子鑫福造船有限公司及江苏扬子江船厂有限公司 3 家造船企业，分布于长江下游江苏省境内的靖江市和泰兴市的黄金水道两岸，距上海、南京两大城市均为 170 公里。集团在太仓有海洋工程制造基地，在上海还拥有两家船舶设计公司。集团目前总资产超过 630 亿元人民币，占地面积 630 万平方米，码头岸线 7000 余米，职工 6000 余名。

三、企业技术状况

公司拥有巨型干船坞三座，大中型船台三座，年造船生产能力 600 万载重吨，以 1100—14000TEU 的大中型集装箱船、7600—400000DWT 的大中型散货船及各种多用途船和海洋工程装备制造、大型钢结构件制造等为主流产品。公司拥有一流的造船技术，强大的造船设施和装备，完善的生产工艺流程，是江苏省高新技术企业，公司具备严格的环境、职业健康安全及质量保证体系，产品得到了 DNV/GL、LR、ABS、BV、NK、RINA、CCS 等知名船级社的认可。

第二节 生产经营情况

一、主营业务

企业主要产品有 2.75 万立方米液化气船、1.18 万箱集装箱船、4800 箱集装箱船、4250 箱集装箱船、3800 箱集装箱船、2700 箱集装箱船、2500 箱集装箱船、1100 箱集装箱船、40 万吨矿砂船、26.1 万吨矿砂船、20.8 万载重吨散货船、9.4 万载重吨散货自卸船、9.3 万载重吨多用途干货船、8.2 万载重吨多用途干货船、6.4 万载重吨多用途干货船、470 万立方英尺木片船、3.6 万载重吨重吊船、1.25 万载重吨多用途船、super116E 350 英尺水深自升式钻井平台等船舶产品和海洋工程装备。

二、生产运行

2016 年，公司完工船舶 35 艘，323.6 万载重吨，吨位比上年下降 8.3%。新承接船舶订单 279.9 万载重吨，吨位比上年下降 2.3%；年末手持船舶订单 909.9 万载重吨，比上年下降 6.4%。

江苏扬子江船业集团公司在 2015 年一次性批量承接 12 艘 1.18 万箱超大型集装箱船的基础上，2016 年又一次性批量承接 6 艘目前世界上装载量最大的 40 万载重吨矿砂船，成为我国设计建造超大型集装箱船和超大型散货船的主要骨干船厂。同时企业在液化天然气船和特种运输船舶设计建造方面不断取得突破，企业造船档次不断提升，产品结构进一步优化。

三、经济效益

2016 年，公司完成工业总产值 100.6 亿元，比上年下降 16.3%；实现主营业务收入 79.1 亿元，比上年下降 28.4%；实现利润总额 32.1 亿元，与上年基本持平。

第三节　经营发展战略

一、战略目标

公司的战略目标是将企业打造成主业突出，多元发展，行业内最有竞争力的综合性上市公司，成就员工，回报股东，奉献社会；造世界最好的船舶，做世界最好的船厂。

二、战略实施

扬子江船业依托世界造船业向中国转移的契机，抓住了难得的历史机遇，将厂址迁至黄金水道长江江阴段，打开了通向大海的门户；公司建造的大型远洋集装箱船、散货船和多用途船驰骋在大洋上，形成了远洋船舶响亮的扬子江品牌。随后，"快一步改制""快一步扩充产能""快一步上市"和"快一步组建集团"的"快一步"战略使扬子江船业在发展中占得了先机；如今，在国际金融危机的阴霾还未消除的时候，扬子江船业又在未雨绸缪，在策划着新的"快一步转型"。届时，扬子江船业将成为一个以船舶和海洋工程建造为主业，金融投资、金属贸易、房地产和航运及租赁为补充的多元化大型企业集团。

具体来看，1999年2月，江苏扬子江船厂有限公司开始实施重要战略：取消修船、搬迁拆船、发展造船，逐步完成了股份制改制，实现了飞跃。在经营上积极开拓海外市场，产品先后出口德国、加拿大、英国、新加坡、意大利等几十个国家和地区，成为国内造船工业骨干企业和江苏省出口船舶生产基地之一。2005年3月28日，江苏新扬子造船有限公司在靖江上六圩奠基兴建，2007年，新扬子一期工程告捷，4艘2500标箱船出坞，标志着跨江联动取得成功。2007年4月，扬子江船业股票正式在新加坡挂牌上市。随着新扬子造船有限公司产能的进一步释放和集团化管理的进一步融合，公司展现出勃勃生机。12月，以老扬子为母体，联合新扬子、天元、恒高、扬船劳务、中舟海洋等公司组建的"江苏扬子江船业集团公司"成立。2010年，扬子江船业进一步扩大造船整体规模，决定优势互补，联合创建、兼并、增资，扩大规模，6月，集团收购了"江苏长博船厂有限公司"，合资成立"江苏扬子长博造船有限公司"。2011年5月，集团收购了"江苏鑫福造船"，成立了"江苏扬子鑫福造船有限公司"，并投入40亿元人民币对鑫福船厂进行改造，形成300万载重吨的造船生产能力。2012年，集团高起点进入海洋工程装备领域，3月，集团在太仓港经济开发区注册成立"江苏扬子江海洋油气装备有限公司"并于当年12月正式进入海工基地的建造实施阶段。

政 策 篇

第十九章 2017 年中国装备工业政策环境分析

　　全球兴起的新一轮产业革命将重新塑造全球产业竞争新格局。美欧等工业发达国家重新重视实体经济发展，纷纷制定以重振装备制造业为代表的"再工业化"战略，促进高端制造业回流。2017 年 11 月，英国政府委托英国制造技术中心（MTC）正式推出以"工业数字化"为核心的《工业战略白皮书——建设适合未来的英国》，发布《让制造更智能——2017 评论》报告。从加快工业数字技术创新应用、加强人才教育培训、加强组织领导、破除技术采用障碍等四个方面提出了英国推进工业数字化的路径和政策措施。美国特朗普总统执政一年以来，在税收、货币、投资等方面相继出台多项相关政策，奉行"美国优先"准则，签署《减税与就业法案》，并遵循特朗普总统一贯的经济目标，从而进一步巩固美国在全球竞争的优势地位。这些都对我国高端装备发展构成了竞争和挑战。自 2015 年 5 月发布以来，《中国制造 2025》已进入全面实施的新阶段。在过去的 1 年多时间里，工业和信息化部会同有关部门确定和编制了"1 + X"体系，大力推进各项政策分解细化和落地实施。在"1 + X"体系中，"1"是指《中国制造 2025》，"X"是指 11 个配套的实施指南、行动指南和发展规划指南，包括国家制造业创新中心建设、工业强基、智能制造、绿色制造、高端装备创新等五大工程实施指南，发展服务型制造和装备制造业质量品牌 2 个专项行动指南，以及新材料、信息产业、医药工业和制造业人才 4 个发展规划指南，目前均已发布实施。

第一节　国内政策环境

一、《中国制造2025》"1＋X"规划体系全部发布

自2015年5月发布以来，《中国制造2025》已进入全面实施的新阶段。在过去的1年多时间里，工业和信息化部会同有关部门确定和编制了"1＋X"规划体系，大力推进各项政策分解细化和落地实施。在"1＋X"体系中，"1"是指《中国制造2025》，"X"是指11个配套的实施指南、行动指南和发展规划指南，包括国家制造业创新中心建设、工业强基、智能制造、绿色制造、高端装备创新等五大工程实施指南，发展服务型制造和装备制造业质量品牌2个专项行动指南，以及新材料、信息产业、医药工业和制造业人才4个发展规划指南。11个"X"由国家制造强国建设领导小组相关成员单位共同研究编制，目前均已发布实施。11个"X"的关系是各有侧重，互为支撑，既有前瞻布局，也有基础突围，既有面向关键共性问题的统筹引导，也有针对重点行业领域的系统谋划。11个"X"旨在充分发挥市场在资源配置中的决定性作用。下一步，国家制造强国建设领导小组将继续推动《中国制造2025》"1＋X"体系的落实，细化分解重点任务和责任分工，以目标为导向，围绕重点任务、重大工程、重点领域梳理凝练一批重点工作，明确时间节点，落实配套政策，与《中国制造2025》实施形成全局统筹、重点推进的工作合力。

（一）五大工程

2016年8月19日，工业和信息化部、国家发展改革委、科技部、财政部四部委联合发布了《中国制造2025》的制造业创新中心、工业强基、绿色制造、智能制造和高端装备创新等五大工程实施指南。其中，制造业创新中心建设工程以突破重点领域前沿技术和关键共性技术为方向，致力于建立从技术开发到转移扩散到首次商业化应用的创新链条。工业强基工程主要解决核心基础零部件、关键基础材料、先进基础工艺的工程和产业化瓶颈问题，构

建产业技术基础服务。绿色制造工程将重点推动制造业各行业、各环节的绿色改造升级，加快构建绿色制造体系。智能制造工程以数字化制造普及、智能化制造示范为抓手，推动制造业智能转型，推进产业迈向中高端，为此将重点聚焦"五三五十"重点任务，即：攻克五类关键技术装备，夯实智能制造三大基础，培育推广五种智能制造新模式，推进十大重点领域智能制造成套装备集成应用，持续推动传统制造业智能转型。高端装备创新工程以突破一批重大装备的产业化应用为重点，为各行业升级提供先进的生产工具。

（二）两个专项行动指南

2016 年 7 月 26 日，工业和信息化部会同国家发展改革委、中国工程院制定并印发了《发展服务型制造专项行动指南》，提出到 2018 年基本实现与制造强国战略进程相适应的服务型制造发展格局。《发展服务型制造专项行动指南》是推动服务型制造发展的指导性文件，将引导制造和服务融合发展，加快制造业从生产型向生产服务型转变。

2016 年 8 月 15 日，工业和信息化部、国家质检总局、国防科工局编制了《促进装备制造业质量品牌提升专项行动指南》，旨在夯实装备制造业质量和品牌发展的基础，推动装备制造业质量和品牌整体提升，提高国产装备国内市场满足率、自主品牌市场占有率，依托中国装备树立中国制造的质量和品牌新形象。

（三）四个发展规划指南

2016 年 12 月 30 日，工业和信息化部与国家发展和改革委员会、科学技术部、财政部发布《新材料产业发展指南》，以满足传统产业转型升级、战略性新兴产业发展和重大技术装备急需为主攻方向，构建以企业为主体、以高校和科研机构为支撑、军民深度融合、产学研用协同促进的新材料产业体系，突破一批新材料品种、关键工艺技术和专用装备。

2016 年 12 月 30 日，工业和信息化部联合国家发展和改革委员会发布《信息产业发展指南》，以加快建立具有全球竞争优势、安全可控的信息产业生态体系为主线，强化科技创新能力、产业基础能力和安全保障能力，突破关键瓶颈，优化产业结构，提升产品质量，完善基础设施，深化普遍服务，促进深度融合应用，拓展网络经济空间。

2016 年 11 月 7 日，工业和信息化部与国家发展和改革委员会、科学技术部、商务部、国家卫生和计划生育委员会、国家食品药品监督管理总局联合发布《医药工业发展规划指南》，推进生物药、化学药新品种、优质中药、高性能医疗器械、新型辅料包材和制药设备六大重点领域发展，旨在加快技术创新，深化开放合作，保障质量安全，增加有效供给，增品种、提品质和创品牌，实现医药工业中高速发展和向中高端迈进。

2016 年 12 月 27 日，教育部联合人力资源和社会保障部、工业和信息化部发布《制造业人才发展规划指南》，从制造业人才培养和队伍建设全局角度出发，完善人才培养体制机制，夯实人才队伍建设基础，加快培育紧缺人才，完善人才使用、流动、评价、激励等机制，为实现制造强国战略目标提供坚实人才支撑。

二、工业互联网成为"互联网+先进制造业"的重要基石

当前，全球范围内新一轮科技革命和产业变革蓬勃兴起。发达国家抢抓新一轮工业革命机遇，围绕核心标准、技术、平台加速布局工业互联网，构建数字驱动的工业新生态，各国参与工业互联网发展的国际竞争日趋激烈。工业互联网作为新一代信息技术与制造业深度融合的产物，日益成为新工业革命的关键支撑和深化"互联网+先进制造业"的重要基石，对未来工业发展产生全方位、深层次、革命性影响。工业互联网通过系统构建网络、平台、安全三大功能体系，打造人、机、物全面互联的新型网络基础设施，形成智能化发展的新兴业态和应用模式，是推进制造强国和网络强国建设的重要基础，是全面建成小康社会和建设社会主义现代化强国的有力支撑。我国工业互联网与发达国家基本同步启动，在框架、标准、测试、安全、国际合作等方面取得了初步进展，成立了汇聚政产学研的工业互联网产业联盟，发布了《工业互联网体系架构（版本 1.0）》《工业互联网标准体系框架（版本 1.0）》等，涌现出一批典型平台和企业。但与发达国家相比，总体发展水平及现实基础仍然不高，产业支撑能力不足，核心技术和高端产品对外依存度较高，关键平台综合能力不强，标准体系不完善，企业数字化网络化水平有待提升，缺乏龙头企业引领，人才支撑和安全保障能力不足，与建设制造强国和网络

强国的需要仍有较大差距。

2017 年 11 月 27 日，国务院印发了《关于深化"互联网＋先进制造业"发展工业互联网的指导意见》，《指导意见》以党的十九大精神为指引，深入贯彻落实习近平新时代中国特色社会主义思想，以供给侧结构性改革为主线，以全面支撑制造强国和网络强国建设为目标，明确了我国工业互联网发展的指导思想、基本原则、发展目标、主要任务以及保障支撑。是我国推进工业互联网的纲领性文件，将为当前和今后一个时期国内工业互联网发展提供指导和规范。

《指导意见》着眼全球工业互联网发展共性需求和我国亟须弥补的主要短板，围绕打造网络、平台、安全三大体系，推进大型企业集成创新和中小企业应用普及两类应用，构筑产业、生态、国际化三大支撑，提出了工业互联网发展的七项主要任务。《指导意见》重点突出三大体系构建，在网络基础方面，重点推动企业内外网改造升级，构建标识解析与标准体系，建设低时延、高可靠、广覆盖的网络基础设施，为工业全要素互联互通提供有力支撑。平台体系方面，着力夯实平台发展基础、提升平台运营能力、推动企业上云和工业 APP 培育，形成"建平台"与"用平台"有机结合、互促共进的良好发展格局。在安全保障方面，着力提升安全防护能力、建立数据安全保护体系、推动安全技术手段建设，全面强化工业互联网安全保障能力。

第二节　国外政策环境

一、英国发布《让制造更智能——2017 评论》

2017 年 11 月，英国政府正式推出以"工业数字化"为核心的《工业战略白皮书——建设适合未来的英国》。为贯彻落实这一战略，英国制造技术中心（MTC）受英国政府委托研究发布了《让制造更智能——2017 评论》报告。该报告在分析英国工业面临的机遇与挑战基础上，从加快工业数字技术创新应用、加强人才教育培训、加强组织领导、破除技术采用障碍等四个方面提出了英国推进工业数字化的路径和政策措施。该报告对英国加快推进工业数字化技术创新和应用的相关建议对我国深入推进智能制造、加快发展先进制造业具有重要借鉴意义。

工业数字化技术推动第四次工业革命。工业数字化是指数字工具和技术（可统称为工业数字化技术，Industrial Digital Technologies，IDTs）在工业企业价值链中的应用。IDTs 涵盖人工智能、物联网、机器人和数据分析等诸多技术，是推动第四次工业革命的关键技术力量。将 IDTs 应用到生产和物流中，将推动企业形成新的商业模式、加速产品推向市场、整合和强化供应链、显著提高生产效率。IDTs 具有颠覆性，将迫使企业建立以客户为中心的商业模式，通过大规模定制为用户提供个性化产品和服务。

英国工业数字化面临重大机遇，表现在：一是 IDTs 对英国具有巨大的潜在价值。在制造业领域应用 IDTs，可以在未来十年内使生产效率提高 25% 以上，扭转英国生产效率停滞不前的局面，同时可以创造最高达 4550 亿英镑的收益，不断拉动制造业的增长（每年增加值为 1.5%—3%），带动高薪、高技能、高附加值的就业。另外，IDTs 的应用可为英国工业创造一个全新的充满活力的技术投资市场，能够不断吸引外资。同时，有利于提高资源利用率、强化供应链，灵活应对全球资源供应紧张等问题，可将英国工业打造成为弹性、绿色、可持续发展的生态体系。二是英国具备成为 IDTs 领导者的潜在优势。英国具有顶尖的研发能力，在数字化设计、制造、服务领域具备一定的优势。在人工智能、自动化和机器人、增材制造以及 VR/AR 领域具有技术优势。特别是人工智能领域，英国已有 200 多家初创企业，是欧洲最大的市场；在自动化和机器人领域，拥有 ARM、戴森和 Shadow Robot 公司等世界领先企业。此外，还成立了国家增材制造中心、物联网研发中心（PETRAS）和集"产学研政用"于一体的研发机构 ImmerseUK，分别致力于增材制造、工业物联网和 VR/AR 等技术的研发、创新、应用及推广。

该报告对英国实现工业数字化提出四大建议。首先是抢抓新工业革命战略机遇，推动英国成为全球 IDTs 领导者。一是由政府和业界共同组织开展全国性的宣传，消除人们认为 IDTs 成本和风险双高的偏见，提高人们对 IDTs 如何推动工业转型的认识。二是成立英国"让制造更智能"咨询委员会，成员来自政府、企业、高校及相关科研院所，负责构建和管理高效的数字化生态系统，推动 IDTs 更快地创新、应用和推广。三是在"让制造更智能"咨询委员会领导下，由政府、产业界和学术界共同成立若干执行小组，负责措施的落实。

其次是创建更加高效的数字化生态系统，加速 IDTs 的创新和应用。一是实施 IDTs 应用计划，加大对中小企业的资金支持，提高咨询服务能力，加快 IDTs 的发展和应用。二是实施 IDTs 创新计划，整合相关的创新资源，提高创新中心的支撑能力。三是实施大规模的数字转型示范计划，围绕提高生产效率、促进可持续发展等关键环节开展应用示范。四是推动英国成为 IDTs 研发的全球领导者，在人工智能、机器学习和数据分析、增材制造、机器人和自动化、VR/AR、工业物联网和 5G、低功耗广域网等通信技术五大领域建设一批创新中心，推进最先进 IDTs 的研究和创新。

再次是推动百万工人技能升级，促进 IDTs 应用推广。一是在英国"让制造更智能"委员会的领导下，设立技能战略执行小组，通过各行各业的参与确定未来的人才需求，并通过跟踪评估确保现有的相关技能培训计划与未来需求相符。二是建立现代化的数字培训平台，提供可扩展的、及时的、易学习的内容，用于提高工人技能。三是由政府和企业共同资助，帮助如下三类工人提高数字技能：工作岗位被自动化设备取代的人，需要使用增材制造、人工智能等新兴技术的人，数字工程师等所有组织都需要的人。

最后是破除数字技术应用的主要障碍。一是由产业界、学术界、政府和监管机构共同实施新兴数字产业标准研发计划，开展 IDTs 通用标准和行业应用标准的研制。二是实施数字化投资补贴、将数字技术投入纳入研发税收信用体系、与英国商业银行合作提供融资服务等措施，促进 IDTs 的发展和应用。三是开发数字信用（保障数据安全的相关框架和协议），克服制造业应用 IDTs 的最大障碍之一，即不愿分享数据。

二、美国出台多项政策吸引制造业回流

美国特朗普总统执政一年以来，在税收、货币、投资等方面相继出台多项相关政策，奉行"美国优先"准则，并遵循特朗普总统一贯的经济目标：把工作留在美国，把工作带进美国，促进美国国内就业，从而进一步巩固美

国在全球竞争的优势地位。

一是签署《减税与就业法案》。经过共和党和民主党的博弈后，2017年12月22日，特朗普在白宫正式签署了《减税与就业法案》，该法案最终得以立法并将于2018年1月起正式实施。本次美国税改重点关注减税和简化税制，相比间接税，减税的重点主要体现在税改效果时滞较短、起效快的直接税。特朗普希望通过税制改革简化繁冗的税制，减轻美国中产阶级家庭的税收负担，创造更多的就业岗位，撬动美国经济增长，从而让美国企业更有竞争力。本次税收改革的主要内容是将联邦企业所得税的八档超额累进税率降低为采用单一税率21%，规定范围的中小企业不征收公司所得税，仅征个人所得税，税改后税率降低，税制得到简化。此次税改法案生效后，美国家庭将获得3.2万亿美元减税。预计从海外回流的资本将达到4万亿美元。根据美国国会联合税收委员会报告，此次税改会使联邦收入在未来10年内减少1.456万亿美元。

二是美国通过加息缩表的货币政策吸引资本回流。美国宏观经济在特朗普的新政下逐步复苏，基于美国较低的利率，美国开启了新一轮紧缩性货币政策，2017年美联储共加息三次，2017年3月15日，美国联邦储备委员会宣布加息25个基点，联邦基金利率从0.5%—0.75%调升到0.75%—1%。2017年6月14日，美国联邦储备委员会宣布将联邦基金利率目标区间上调至1.25%的水平。2017年12月13日，美国联邦储备委员会宣布加息25个基点，调升至1.25%—1.5%。美国加息将进一步促进国际热钱回流美国，增加美国市场上的资金流量。未来，美联储预计2018年将加息3次，2020年加息2次。与此同时，2017年10月，美联储开始缩表，10月、11月、12月每月缩表100亿美元上限，并将每3个月调整一次上限。此举将巩固美元的强势地位，促使大量产业资本流入美国。

第二十章　2017年中国装备工业重点政策解析

2017年，中国出台了多项与装备工业相关的重点政策。《新一代人工智能发展规划》围绕核心技术、顶尖人才、标准规范等强化部署，力图在新一轮国际科技竞争中掌握主导权。《智能制造综合标准化与新模式应用》围绕智能制造综合标准化试验验证类项目与智能制造新模式应用类项目开展。《增材制造产业发展行动计划（2017—2020年)》的发布应对增材制造产业发展新形势、新机遇、新需求，对推进我国增材制造产业快速健康持续发展有重要意义。《海洋工程装备制造业持续健康发展行动计划（2017—2020年)》为海工装备制造业发展提供了广阔空间，引导行业把握机遇、应对挑战，加快提升产业发展质量和持续发展能力。《汽车产业中长期发展规划》就有关方面的中长期工作明确发展思路、规划目标和政策导向，为推进汽车产业由大到强发展提供指导。《关于促进和规范民用无人机制造业发展的指导意见》从统筹产业发展和安全规范角度出发，提出促控并举，加快营造产业发展的良好环境，推动发展国际标杆、安全规范、健康有序的民用无人机产业。《国家机器人标准体系建设指南（2017年版)》促进创新标准化体制机制、加强机器人标准的统筹规划、加快标准的研制和实施、提升标准的国际化水平，也是建立动态完善机制与规范行业有序发展的机器人标准体系的重大机遇。

第一节　《新一代人工智能发展规划》

一、背景

经过60多年的演进，人工智能加速发展，呈现出深度学习、跨界融合、

159

人机协同、群智开放、自主操控等新特征，大数据驱动知识学习、跨媒体协同处理、人机协同增强智能、群体集成智能、自主智能系统成为人工智能的发展重点。当前，新一代人工智能相关学科发展、理论建模、技术创新、软硬件升级等整体推进，正在引发链式突破，推动经济社会从数字化、网络化向智能化加速跃升。

人工智能是引领未来的战略性技术，世界主要发达国家把发展人工智能作为提升国家竞争力、维护国家安全的重大战略，加紧出台规划和政策，围绕核心技术、顶尖人才、标准规范等强化部署，力图在新一轮国际科技竞争中掌握主导权。作为新一轮产业变革的核心驱动力，人工智能将进一步释放历次科技革命和产业变革积蓄的巨大能量，并创造新的强大引擎，重构生产、分配、交换、消费等经济活动各环节，形成从宏观到微观各领域的智能化新需求，催生新技术、新产品、新产业、新业态、新模式，引发经济结构重大变革，深刻改变人类生产生活方式和思维模式，实现社会生产力的整体跃升。另外，我国正处于全面建成小康社会的决胜阶段，人口老龄化、资源环境约束等挑战依然严峻，人工智能在教育、医疗、养老、环境保护、城市运行、司法服务等领域广泛应用，将极大提高公共服务精准化水平，全面提升人民生活品质。人工智能技术可准确感知、预测、预警基础设施和社会安全运行的重大态势，及时把握群体认知及心理变化，主动决策反应，将显著提高社会治理的能力和水平，对有效维护社会稳定具有不可替代的作用。

国家部署了智能制造等国家重点研发计划重点专项，印发实施了《"互联网＋"人工智能三年行动实施方案》，从科技研发、应用推广和产业发展等方面提出了一系列措施。经过多年的持续积累，我国在人工智能领域取得重要进展，国际科技论文发表量和发明专利授权量已居世界第二，部分领域核心关键技术实现重要突破。语音识别、视觉识别技术世界领先，自适应自主学习、直觉感知、综合推理、混合智能和群体智能等初步具备跨越发展的能力，中文信息处理、智能监控、生物特征识别、工业机器人、服务机器人、无人驾驶逐步进入实际应用，人工智能创新创业日益活跃，一批龙头骨干企业加速成长，在国际上获得广泛关注和认可。加速积累的技术能力与海量的数据资源、巨大的应用需求、开放的市场环境有机结合，形成了我国人工智能发展的独特优势。

同时，也要清醒地看到，我国人工智能整体发展水平与发达国家相比仍存在差距，缺少重大原创成果，在基础理论、核心算法以及关键设备、高端芯片、重大产品与系统、基础材料、元器件、软件与接口等方面差距较大；科研机构和企业尚未形成具有国际影响力的生态圈和产业链，缺乏系统的超前研发布局；人工智能尖端人才远远不能满足需求；适应人工智能发展的基础设施、政策法规、标准体系亟待完善。面对新形势新需求，必须主动求变应变，牢牢把握人工智能发展的重大历史机遇，紧扣发展、研判大势、主动谋划、把握方向、抢占先机，引领世界人工智能发展新潮流，服务经济社会发展和支撑国家安全，带动国家竞争力整体跃升和跨越式发展。

二、政策要点

（一）明确指导思想

《新一代人工智能发展规划》提出："以加快人工智能与经济、社会、国防深度融合为主线，以提升新一代人工智能科技创新能力为主攻方向，发展智能经济，建设智能社会，维护国家安全，构筑知识群、技术群、产业群互动融合和人才、制度、文化相互支撑的生态系统，前瞻应对风险挑战，推动以人类可持续发展为中心的智能化，全面提升社会生产力、综合国力和国家竞争力，为加快建设创新型国家和世界科技强国、实现'两个一百年'奋斗目标和中华民族伟大复兴中国梦提供强大支撑。"

（二）提出四项基本原则

《规划》提出了四项基本原则，即科技引领、系统布局、市场主导、开源开放。其中，科技引领是指在重点前沿领域探索布局、长期支持，力争在理论、方法、工具、系统等方面取得变革性、颠覆性突破，全面增强人工智能原始创新能力，加速构筑先发优势，实现高端引领发展。系统布局是指充分发挥社会主义制度集中力量办大事的优势，推进项目、基地、人才统筹布局，已部署的重大项目与新任务有机衔接，当前急需与长远发展梯次接续，创新能力建设、体制机制改革和政策环境营造协同发力。市场主导是指遵循市场规律，坚持应用导向，突出企业在技术路线选择和行业产品标准制定中的主体作用，更好发挥政府在规划引导、政策支持、安全防范、市场监管、环境营造、伦理法规制定等方面的重要作用。开源开放是指倡导开源共享理念，促进产学研用各创新主体共创共享，促进军民科技成果双向转化应用、军民创新资源共建共享，形全要素、多领域、高效益的军民深度融合发展新格局，并积极参与人工智能全球研发和治理，在全球范围内优化配置创新资源。

（三）提出"三步走"战略目标

《规划》提出我国人工智能的"三步走"战略目标。第一步，到2020年，人工智能总体技术和应用与世界先进水平同步，人工智能产业成为新的重要经济增长点，人工智能技术应用成为改善民生的新途径，有力支撑进入创新型国家行列和实现全面建成小康社会的奋斗目标。第二步，到2025年，人工智能基础理论实现重大突破，部分技术与应用达到世界领先水平，人工智能成为带动我国产业升级和经济转型的主要动力，智能社会建设取得积极进展。第三步，到2030年，人工智能理论、技术与应用总体达到世界领先水平，成为世界主要人工智能创新中心，智能经济、智能社会取得明显成效，为跻身创新型国家前列和经济强国奠定重要基础。

（四）确定六大重点任务

《规划》还提出了我国发展人工智能的六大重点任务：一是构建开放协同的人工智能科技创新体系，包括建立新一代人工智能基础理论体系、建立新一代人工智能关键共性技术体系、统筹布局人工智能创新平台、加快培养聚集人工智能高端人才；二是培育高端高效的智能经济，包括大力发展人工智能新兴产业、加快推进产业智能化升级、大力发展智能企业、打造人工智能创新高地；三是建设安全便捷的智能社会，包括发展便捷高效的智能服务、推进社会治理智能化、利用人工智能提升公共安全保障能力、促进社会交往共享互信；四是加强人工智能领域军民融合，包括建立科研院所、高校、企业和军工单位的常态化沟通协调机制、促进人工智能技术军民双向转化、加强军民人工智能技术通用标准体系建设、推进科技创新平台基地的统筹布局和开放共享等；五是构建泛在安全高效的智能化基础设施体系，包括网络基础设施、大数据基础设施、高效能计算基础设施；六是前瞻布局新一代人工智能重大科技项目，形成"1＋N"人工智能项目群，"1"是指新一代人工智能重大科技项目，"N"是指国家相关规划计划中部署的人工智能研发项目。

三、政策解析

《规划》准确把握全球人工智能发展趋势，分析了人工智能对国际竞争、经济发展、社会建设、社会治理的影响，梳理我国人工智能发展基础，并指出我国发展人工智能所面临的问题和瓶颈，提出到 2030 年我国推进新一代人工智能发展的指导思想和目标，并在法律法规、伦理规范、政策、标准、知识产权、培训、监管、科普等方面提出了保障措施。

《规划》提出了我国新一代人工智能的重点发展方向，是国家发展人工智能的总体部署，也标志着我国人工智能发展由宏观的战略布局向到具体的推进实施过渡。这有利于调动社会各类主体发展人工智能的内生动力，有利于整合中央财政、地方财政、产业基金、风险投资基金及其他社会资源共同支持人工智能的发展。

第二节　《智能制造综合标准化与新模式应用》

一、背景

为贯彻落实《中国制造 2025》，深入实施《智能制造工程实施指南（2016—2020 年）》的总体部署，助推制造业转型升级、提质增效，工业和信息化部与财政部联合开展 2015—2017 年智能制造综合标准化与新模式应用项目工作，支持企业和标准化组织搭建智能制造标准试验验证平台，建立健全国家智能制造标准体系；支持企业按照市场机制组建产学研用一体化的联合体，培育推广智能制造新模式。

二、政策要点

智能制造综合标准化与新模式应用项目包含两类项目：一是智能制造综合标准化试验验证类项目；二是智能制造新模式应用类项目。

智能制造综合标准化试验验证类项目开展内容包括：一是智能制造基础

共性关键技术、行业应用基础性标准制定，重点开展试验验证，包括标准试验验证所需的设施和设备（含软、硬件），以及试验验证的方法和结论等内容。二是建设试验验证平台，成为本行业或其他制造业领域推进智能制造标准贯彻实施的公共服务平台。

智能制造新模式应用类项目建设内容包括：一是离散型智能制造。车间总体设计、工艺流程及布局数字化建模；基于三维模型的产品设计与仿真，建立产品数据管理系统（PDM），关键制造工艺的数值模拟以及加工、装配的可视化仿真；先进传感、控制、检测、装配、物流及智能化工艺装备与生产管理软件高度集成；现场数据采集与分析系统、车间制造执行系统（MES）与产品全生命周期管理（PLM）、企业资源计划（ERP）系统高效协同与集成。二是流程型智能制造。工厂总体设计、工艺流程及布局数字化建模；生产流程可视化、生产工艺可预测优化；智能传感及仪器仪表、网络化控制与分析、在线检测、远程监控与故障诊断系统在生产管控中实现高度集成；实时数据采集与工艺数据库平台、车间制造执行系统（MES）与企业资源计划（ERP）系统实现协同与集成。三是网络协同制造。建立网络化制造资源协同平台或工业大数据服务平台，信息数据资源在企业内外可交互共享。企业之间、企业部门间创新资源、生产能力、市场需求实现集聚与对接，实现基于云的设计、供应、制造和服务环节并行组织和协同优化。四是大规模个性化定制。产品可模块化设计和个性化组合；建有用户个性化需求信息平台和各层级的个性化定制服务平台，能提供用户需求特征的数据挖掘和分析服务；产品设计、计划排产、柔性制造、物流配送和售后服务实现集成和协同优化。五是远程运维服务。建有标准化信息采集与控制系统、自动诊断系统、基于专家系统的故障预测模型和故障索引知识库；可实现装备（产品）远程无人操控、工作环境预警、运行状态监测、故障诊断与自修复；建立产品生命周期分析平台、核心配件生命周期分析平台、用户使用习惯信息模型；可对智能装备（产品）提供健康状况监测、虚拟设备维护方案制定与执行、最优使用方案推送、创新应用开放等服务。

三、政策解析

完善智能制造标准体系建设。根据《国家智能制造标准体系建设指南》，支持企业和标准化组织搭建智能制造标准试验验证平台，开展智能制造基础共性标准、关键技术标准和重点领域应用标准的研制和试验验证，建立健全国家智能制造标准体系。

引导形成以满足用户个性化需求为引领的大规模个性化定制。主要集中在服装、纺织、家居、家电等消费品领域，主要做法是产品模块化设计、建设个性化定制服务平台、建设个性化产品数据库，实现个性化定制服务平台与企业研发设计、计划排程、供应链管理、售后服务等数字化制造系统实现协同与集成。

引导形成以缩短产品研制周期为核心的产品全生命周期数字一体化。主要集中在航空装备制造、汽车制造、船舶制造、工程机械等离散制造业，主要做法是应用基于模型定义（MBD）技术进行产品研发、建设产品全生命周期管理系统（PLM）等。

引导形成基于工业互联网的远程运维服务。集中在动力装备、电力装备、工程机械、汽车制造、家用电器等领域，主要做法是让智能装备/产品具备数据采集和通信等功能、建有智能装备/产品远程运维服务平台、建有相应的专家库和专家系统以及实现智能装备/产品远程运维服务平台与产品全生命周期管理系统（PLM）、客户关系管理系统（CRM）、产品研发管理系统的协同与集成等。

引导形成以供应链优化为核心的网络协同制造。主要集中在航空装备制造、汽车制造、家用电器等领域，主要做法是建设跨企业制造资源协同平台，实现企业间研发、管理和服务系统的集成和对接。

引导形成以打通企业运营"信息孤岛"为核心的智能工厂。主要集中在石化、钢铁、电子信息、家用电器等领域，主要做法是应用物联网技术实现产品、物料等的唯一身份标识，生产和物流装备具备数据采集和通信等功能，构建了生产数据采集系统、制造执行系统（MES）和企业资源计划系统（ERP），以及实现生产数据采集系统、制造执行系统（MES）和企业资源计划系统（ERP）的高效协同与集成等。

引导形成以质量管控为核心的产品全生命周期可追溯。主要集中在食品、制药等行业，主要做法是让产品在全生命周期具有唯一标识，应用传感器、智能仪器仪表、工控系统等自动采集质量管理所需数据，制造执行系统

（MES）开展质量判异和过程判稳等在线质量检测和预警等。

引导形成以提高能源资源利用率为核心的全生产过程能源优化管理。主要集中在石化化工、有色金属、钢铁等行业，主要做法是制造执行系统（MES）采集关键装备、生产过程、能源供给等环节的能效数据，构建能源管理系统（EMS）或 MES 中具有能源管理模块，基于实时采集的能源数据对生产过程、设备、能源供给及人员等进行优化等。

引导形成基于云平台的社会化协同制造。主要集中在航天装备、有色金属等领域，主要做法是构建面向全社会的制造云平台，为接入企业提供研发设计、运营管理、数据分析、知识管理、信息安全等服务，开展制造服务和资源的动态分析和柔性配置等。

引导形成快速响应多样化市场需求的柔性制造。主要集中在铸造、服装等领域，主要做法是实现生产线可同时加工多种产品/零部件、车间物流系统自动配料、构建高级排产系统（APS）以及工控系统、制造执行系统（MES）、企业资源计划系统（ERP）实现高效协同与集成等。

第三节　《增材制造产业发展行动计划（2017—2020 年）》

一、背景

增材制造（又称3D打印）是以数字模型为基础，将材料逐层堆积制造出实体物品的新兴制造技术，将对传统的工艺流程、生产线、工厂模式、产业链组合产生深刻影响，是制造业有代表性的颠覆性技术。习近平总书记指出："随着3D打印技术规模产业化，传统的工艺流程、生产线、工厂模式、产业链组合都将面临深度调整。我们必须高度重视、密切跟踪、迎头赶上"。李克强总理指示："既要瞄准世界产业技术发展前沿，加强3D打印核心技术和原创技术研发，又要加快成果推广运用和产业化进程"。我国高度重视增材制造产业，将其作为《中国制造2025》的发展重点。2015 年 2 月，工业和信息化部、国家发展改革委、财政部联合印发了《国家增材制造产业发展推进计划（2015—2016 年)》，通过政策引导，在社会各界共同努力下，我国增材制造关键技术不断突破，装备性能显著提升，应用领域日益拓展，生态体系初步形成，涌现出一批具有一定竞争力的骨干企业，形成了若干产业集聚区，增材制造产业实现快速发展。

当前，全球范围内新一轮科技革命与产业革命正在萌发，世界各国纷纷将增材制造作为未来产业发展新增长点，推动增材制造技术与信息网络技术、新材料技术、新设计理念的加速融合。全球制造、消费模式开始重塑，增材制造产业将迎来巨大的发展机遇。与发达国家相比，我国增材制造产业尚存在关键技术滞后、创新能力不足、高端装备及零部件质量可靠性有待提升、应用广度深度有待提高等问题。为有效衔接《国家增材制造产业发展推进计划（2015—2016 年)》，应对增材制造产业发展新形势、新机遇、新需求，推进我国增材制造产业快速健康持续发展，特制定《增材制造产业发展行动计划（2017—2020 年)》。

二、政策要点

《行动计划》以"创新驱动、夯实基础，需求牵引、统筹推进，军民融合、开放合作，市场主导、政府引导"为基本原则，针对重点制造（航空、航天、船舶、核工业、汽车、电力装备、轨道交通装备、家电、模具、铸造等)、医疗、文化、教育等四大重点领域，提出我国增材制造产业发展的主要目标，到 2020 年，增材制造产业年销售收入超过 200 亿元，年均增速在 30%以上。关键核心技术达到国际同步发展水平，工艺装备基本满足行业应用需求，生态体系建设显著完善，在部分领域实现规模化应用，国际发展能力明显提升。

《行动计划》明确了我国增材制造产业发展的五大重点任务，包括：提高创新能力、提升供给质量、推进示范应用、培育龙头企业、完善支撑体系。提出了加强统筹组织协调、加大财政支持力度、着力拓宽融资渠道、深化国际交流合作、强化行业安全监管、发挥行业组织作用等六项保障措施，推动增材制造产业快速健康持续发展。

三、政策解析

（一）《行动计划》的核心思路

《行动计划》的核心思路是全面贯彻落实党的十九大精神，以习近平新时代中国特色社会主义思想为指引，牢固树立新发展理念，按照党中央关于加快建设制造强国、加快发展先进制造业的战略部署，紧密围绕新兴产业培育和重点领域制造业智能转型，着力提高创新能力，提升供给质量，培育龙头企业，推进示范应用，完善支撑体系，探索产业发展新业态新模式，营造良好发展环境，促进增材制造产业做强做大，为制造强国建设提供有力支撑，为经济发展注入新动能。具体可用"四五六五"四个数字概括：聚焦四大重点领域，实施五大重点任务，采取六项保障措施，实现五大发展目标。

（二）《行动计划》的五大发展目标

《行动计划》提出到 2020 年实现五大目标：一是产业保持高速发展，年均增速在 30% 以上，2020 年增材制造产业销售收入超过 200 亿元；二是技术水平明显提高，突破 100 种以上满足重点行业需求的工艺装备、核心器件及专用材料；三是行业应用显著深化，开展 100 个以上试点示范项目，在重点制造（航空、航天、船舶、核工业、汽车、电力装备、轨道交通装备、家电、模具、铸造等）、医疗、文化、教育等四大领域实现规模化应用；四是生态体系基本完善，形成完整的增材制造产业链，计量、标准、检测、认证等在内的生态体系基本形成；五是全球布局初步实现，培育 2—3 家以上具有较强国际竞争力的龙头企业，打造 2—3 个国际知名名牌，一批装备、产品走向国际市场。

（三）《行动计划》的五大重点任务

围绕五大目标提出了五大重点任务：一是提高创新能力，完善增材制造创新中心运行机制，推进前瞻性、共性技术研究和先进科技成果转化；突破一批关键共性技术，提早布局新一代增材制造技术研究。二是提升供给质量，开展增材制造专用材料、关键材料制备技术及装备的研发，提升材料的品质和性能稳定性；大力突破增材制造装备、核心器件及专用软件的质量、性能和稳定性；提升行业整体服务质量和用户对增材制造技术的认可程度。三是推进示范应用，以直接制造为主要战略取向，兼顾原型设计和模具开发应用，推动增材制造在重点制造、医疗、文化创意、教育等领域规模化应用，线上线下打通增材制造在社会、企业、家庭中的应用路径。四是培育龙头企业，支持骨干企业积极整合国内外技术、人才和市场等资源，加强品牌培育；促进全产业链协同发展，鼓励特色优势地区加快培育世界级先进增材制造产业集群，助推龙头企业的发展壮大。五是完善支撑体系，完善增材制造产业计量测试服务体系，健全增材制造标准体系，加快检测与认证机构培育，加快人才培养，健全人才激励机制。

（四）《行动计划》提出的六项保障措施

一是加强统筹组织协调，各有关部门政策要加强协调，形成资源共享、协同推进的工作格局，同时要加强对区域政策的指导，完善中央和地方协同推进的产业政策体系。二是加大财政支持力度，充分利用现有渠道支持增材制造装备及关键零部件的研发及产业化，开展增材制造制造试点示范。三是着力拓宽融资渠道，采取政策引导和市场化运作结合的方式，吸引相关资金投向增材制造产业，推进设备融资租赁，鼓励符合条件的企业进行直接融资。四是深化国际交流合作，坚持"引进来"和"走出去"并重，多层次开展国际交流合作，鼓励国外企业在华设立研发基地、研发中心，依托"一带一路"倡议，推进增材制造技术的推广应用。五是强化行业安全监管，研究建立购买增材制造装备实名登记制度、装备基本信息报备制度和从业认证登记备案制度，依法查处利用增材制造装备非法生产、制造管制器具等违法犯罪活动。六是发挥行业组织作用，积极开展需求对接活动，加强重大问题研究，编制年度产业发展报告，加强行业自律，提高行业素质，维护行业安全。

（五）《行动计划》与《推进计划》的关系

自 2015 年《推进计划》发布以来，行业企业发展增材制造产业的积极性得到极大鼓励，研发生产投入大幅增长，一批关键技术得到突破，装备性能显著提升，应用领域日益拓展，生态体系初步形成，涌现出一批具有一定竞争力的骨干企业，形成了若干产业集聚区，推动我国增材制造产业发展进入新阶段。在《行动计划》编制过程中，在有效衔接《推进计划》基础上，结合新的发展阶段面临的新形势、新机遇、新需求，提出了新目标、新任务、新举措。

《行动计划》着力点主要有：一是着力行业推广应用。《行动计划》明确到 2020 年要开展 100 个以上试点示范项目，推动增材制造在 10 个重点制造业领域的示范应用，推动"3D 打印 + 医疗""3D 打印 + 文化创意""3D 打印 + 创新教育""3D 打印 + 互联网"的示范应用，加快培育一批创新能力突出、特色鲜明的示范企业和产业集聚区。二是着力推动军民融合。大力推动增材制造技术在航空、航天、船舶、核工业等军工领域的创新应用，加强军民资源共享，促进军民两用技术的加速发展。三是着力生态体系建设。要形成从材料、工艺、软件、核心器件到装备的完整的增材制造产业链，涵盖计量、标准、检测、认证、人才等在内的增材制造生态体系。四是着力部际协同。《行动计划》由 12 个部门联发，力度空前，充分体现了国家对增材制造产业发展的重视和支持，对产业发展将发挥积极的推动作用。

（六）《行动计划》中关于强化行业安全监管的考虑

随着增材制造技术的发展，其对现行的社会秩序、公共安全管理等将带来越来越多的冲击和挑战，因增材制造技术而可能引发的知识产权、刑事犯罪、人类伦理等方面的问题，已得到国际社会的高度关注。在《行动计划》编制过程中，许多行业专家、政府部门建议应提高警觉，未雨绸缪，加强增材制造行业安全监管。《行动计划》明确提出要研究建立购买增材制造装备实名登记制度、装备基本信息报备制度和从业认证登记备案制度，依法查处利用增材制造装备非法生产、制造管制器具等违法犯罪活动。

第四节　《海洋工程装备制造业持续健康发展行动计划（2017—2020 年）》

一、背景

海洋工程装备是人类开发、利用和保护海洋活动中使用的各类装备的总称，是海洋经济发展的前提和基础，处于海洋产业价值链的核心环节。海洋工程装备以海洋矿产资源开发装备中的海洋油气资源开发装备为主，其技术和市场相对成熟，装备种类齐全，数量规模较大，仍是产业发展的主要方向。此外，随着天然气水合物、海底金属矿产资源开发技术，海上风能等海洋可再生能源开发技术以及海水淡化和综合利用等海洋化学资源开发技术的不断成熟，这类装备也呈现出良好的发展前景。

"十二五"以来，我国海洋工程装备制造业快速发展，进入世界海洋工程装备总装建造第一梯队。但是，由于海洋油气资源开发装备需求与国际原油价格密切相关，随着国际油价的断崖式下跌，全球海工装备市场规模急剧萎缩，船东接船能力和接船意愿大减，我国海工企业面临严峻的生存挑战。与此同时，我国海洋强国战略加快实施，为海工装备制造业发展提供了广阔空间。为引导行业把握机遇、应对挑战，加快提升产业发展质量和持续发展能力，制定出台了《海洋工程装备制造业持续健康发展行动计划（2017—2020年)》。

二、政策要点

（一）提出总体要求和主要目标

《行动计划》的指导思想是全面贯彻落实党的十九大精神，以习近平新时代中国特色社会主义思想为指引，牢固树立新发展理念，紧紧围绕《中国制造2025》和建设海洋强国的战略目标，以推进供给侧结构性改革为主线，以创新为动力，加快调结构、去库存、补短板、创品牌，不断优化产业发展模式，培育新的经济增长点，提升国际竞争能力，促进我国海洋工程装备制造业持续健康发展。坚持创新驱动、需求导向、扶优扶强、开放融合，到2020年，我国海洋工程装备制造业国际竞争力和持续发展能力明显提升，产业体系进一步完善，专用化、系列化程度不断加强，产品结构迈向中高端，力争步入海洋工程装备总装制造先进国家行列。

（二）瞄准重点领域明确任务

《行动计划》提出了六大方面17项重点任务。一是深化改革促创新。优化产业创新模式，建立海洋工程装备制造业创新中心，强化基础共性技术、市场需求前景好的高端装备以及新型和前瞻性产品研发。组织实施一批重大工程和专项，推动产学研用协同创新，一揽子解决重点领域创新问题。二是加大力度调结构。加大调整重组力度，推动海工装备制造企业（集团）实施专业化重组以及内部资源整合，压减过剩产能。围绕市场需求和前瞻布局，加快产品结构调整。延伸产业服务链条，拓展以工程服务为主的产业链发展新方向，向提供"产品＋服务"模式转变。三是多措并举去库存。创新商业模式，通过开展基金投资、融资租赁、资产重整等多种途径推动海工装备交付运营，通过强化项目全过程风险管控，帮助客户解决融资和运营租赁问题，为保交船创造条件。四是突破瓶颈补短板。通过自主研发、引进专利、合资合作、并购参股、陆用向海上拓展等形式，大力培育发展核心优势配套产品；加强试验验证能力建设，以重大工程示范项目为牵引，推动设备系统装船应用。五是强化基础创品牌。持续强化企业管理，提升海工项目综合决策效率和智能化管理水平；积极推进智能制造，针对海工装备定制化、多样化特点，推进海工装备设计制造的智能化改造；加强质量管控和标准化建设，推动建立覆盖产品全生命周期的质量管理体系和技术标准规范体系。六是全面开放促发展。推动军民融合深度发展，加大国际合资合作力度，加强技术交流和国际项目合作，提高国际竞争力和影响力。

（三）细化保障措施

为保障各项任务落实，提出了五方面措施：一是加大金融支持力度；二是扩大海洋工程装备有效需求；三是加大科研开发和应用推广支持力度；四是加强人才队伍建设；五是发挥行业组织和专业机构作用，加强行业自律。

三、政策解析

一是《行动计划》为海洋工程装备的发展制定了精准的风向标。《行动计划》以《中国制造2025》《海洋工程装备制造业中长期发展规划（2011—2020年)》《船舶工业深化结构调整加快转型升级行动计划（2016—2020年)》为依据，结合新时期我国海洋工程装备制造业转型升级的发展需求，充分考虑目前的市场情况和未来发展形势，注重发挥企业主体作用，注重聚焦政策着力点，注重以发展为导向，兼顾当前和长远，提出了2017—2020年海洋工程装备制造业结构调整的方向、研发设计的方向、需要突破的关键技术的方向以及企业如何提升自身竞争力的方向。

二是《行动计划》能够推动地方层面建立相应的联动机制。在《行动计划》编制过程中，注重部门联动，成立跨部门联合编制组，同部署、同研究、同落实；开展专题调研，编制组先后赴大连、烟台、海南、福建等地深入了解我国海洋经济开发和海洋工程装备发展情况，并多次组织召开工作会、座谈会、研讨会，针对海洋工程装备制造业面临的严峻形势、存在的突出问题进行专题研究。现在如大连、烟台、海南、福建等一些地方省市正在根据《行动计划》制定适合本地区的相关发展规划。

三是降低了企业未来发展的风险。目前，国际海洋工程装备产业外部市场环境严峻，在手海工项目订单延期交付，甚至撤单情况频发。各企业应充分认识海工项目风险的重要性和紧迫性，加强和完善海工项目全流程管理和风险防范，减少企业自身违约风险因素。对在建项目，结合客户具体需求，帮助客户解决融资和运营租赁等方面的困难，为装备交付创造条件；对已出险项目，紧密跟踪仲裁、赔付等工作进展情况，采取有效措施积极应对，避免出现系统性风险。

第五节　《汽车产业中长期发展规划》

一、背景

汽车产业是推动新一轮科技革命和产业变革的重要力量，是建设制造强国的重要支撑，是国民经济的重要支柱。一方面，进入 21 世纪以来，我国汽车产业快速发展，自 2009 年起已连续 9 年位居全球第一，2016 年产销突破 2900 万辆，其中，中国自主品牌乘用车超过 1084.7 万辆，市场认可度大幅提升，在某些细分市场已经能够和国际一线品牌同台竞争。新能源汽车发展取得重大进展，2016 年产销量超过 70 万辆，累计推广量超过 170 万辆，全球领先。在智能网联汽车方面，部分企业主动布局，具备辅助驾驶功能和网联化特征的汽车产品规模化进入市场。另一方面，汽车产业大而不强的问题仍然存在，比如创新能力不强、部分关键核心技术缺失等，随着经济下行压力持续加大和汽车保有量大幅增加，一些深层次问题逐渐显现。

当前，新一代信息通信、新能源、新材料等技术与汽车产业加快融合，产业发展形势面临重大变化，突出表现在三个方面：一是产品形态和生产方式深度变革，汽车产品加快向新能源、轻量化、智能和网联的方向发展，汽车正从单纯的交通工具转变为大型移动智能终端、储能单元和数字空间，汽车生产从过去的大批量、流水线的生产方式，向充分互联协作的智能制造体系演进，个性化定制生产模式将成为未来趋势。二是新型需求和商业模式加速涌现，互联网和汽车深度融合，老龄化和新生的用户比例持续提升，消费需求的多元化特征日趋明显，智能交通、共享出行、个性化服务成为重要方向。三是产业格局和生态体系面临重构，新兴科技企业大举进入汽车行业，传统企业和新兴企业竞合交融发展，价值链、供应链、创新链发生深刻变化，全球汽车产业生态正在重塑。互联网、社会资本等造车新势力大举进入汽车行业，传统企业和新进企业竞合交融发展，汽车产业价值链、供应链、创新链发生深刻变化。

综合来看，世界汽车产业发展出现深刻变化，我国在新能源汽车发展上成绩显著，支撑汽车智能化、网联化发展的信息技术产业实力不断增强，我国汽车产业转型升级、由大变强面临难得的历史机遇，这两个方向有望成为抢占先机、赶超发展的突破口。根据党中央、国务院的决策部署，要求我们在认真评估汽车工业发展现状、深入分析未来市场需求和产业发展趋势的基础上，就有关方面的中长期工作明确发展思路、规划目标和政策导向，形成《规划》文件，为推进汽车产业由大到强发展提供指导。

二、政策要点

《规划》的核心要义就是要做大做强中国品牌汽车，培育具有国际竞争力的企业集团。路线上以新能源汽车和智能网联汽车为突破口，引领整个产业转型升级；措施上主要包括优化产业发展环境，推动行业内外协同创新，推动全球布局和产业体系国际化。即"一个总目标、六个细分目标、六项重点任务和八项重点工程"。

"一个总目标"即建设汽车强国,"力争经过十年努力,迈入汽车强国行列"。

"六个细分目标"是汽车强国的细化考量指标。核心技术、企业品牌、国际市场份额等汽车强国基本要素逐步成为行业共识,《规划》对应提出了关键技术取得重大突破、中国汽车品牌全面发展、国际发展能力明显提升三个目标。此外,提出了全产业链实现安全可控、新型产业生态基本形成、绿色发展水平大幅提高等三个目标。以上目标具体到关键量化指标是:一是培育国际大企业集团,到2020年培育形成若干家进入世界前十的新能源汽车企业、若干家超过千亿规模的汽车零部件企业集团,到2025年培育若干家进入全球前十的汽车零部件企业集团,突破产业链关键短板,掌握从零部件到整车的关键核心技术;二是品牌认可度、美誉度及国际影响力显著增强,到2025年,若干家中国汽车品牌企业产销量进入世界前十,中国品牌汽车实现全球化发展布局;三是节能减排成效显著,其中乘用车新车平均燃料消耗量2020年和2025年分别降到5.0升/百公里、4.0升/百公里,商用车燃料消耗量逐渐达到国际领先水平,新能源汽车能耗达到国际先进水平。

"六项重点任务"围绕六个目标提出,是目标实现的重要支撑。一是完善创新体系,增强自主发展动力。整合优势资源建立跨产业协同平台,融入"大众创业、万众创新",形成体系化的技术创新能力,组建汽车领域国家制造业创新中心,联合攻关核心共性技术。二是强化基础能力,贯通产业链条体系。推动整车与相关行业企业、零部件企业加强技术和资本合作,发展先进车用材料及制造装备,突破关键零部件技术瓶颈,建立安全可控的产业体系。三是突破重点领域,推动产业结构升级。大力发展汽车先进技术,推广成熟节能技术,形成新能源汽车、智能网联汽车和先进节能汽车梯次合理的产业布局。四是加速跨界融合,构建新型产业生态。加快推动智能制造,创新融合发展模式,以互联网应用为抓手,推动汽车服务业发展,提高绿色发展水平。五是提升质量品牌,打造国际领军企业。完善产品质量标准体系,提升企业质量控制能力,加强品牌培育,深化国企改革,鼓励兼并重组,支持优势企业做大做强。六是深化开放合作,提高国际发展能力。引导企业把国际化作为未来发展的战略选择,抓住"一带一路"建设、国际产能合作机遇，加快实现全球发展布局。

"八项重点工程"是六项任务的重要支撑和抓手。八项重点工程分别对应于六项任务，分别是创新中心建设工程、关键零部件重点突破工程、新能源汽车研发和推广应用工程、智能网联汽车推进工程、先进节能环保汽车技术提升工程、"汽车＋"跨界融合工程、汽车质量品牌建设工程、海外发展工程。

三、政策解析

《规划》提出了汽车产业未来10年的发展方向、重点任务和政策措施，以建设汽车强国为总目标，路线上要以新能源汽车和智能网联汽车为突破口，引领整个产业转型升级；措施上要优化产业发展环境，推动行业内外协同创新，推动全球布局和产业体系国际化。

在新能源汽车方面，纯电动汽车主流车型动力性、经济性、安全性大幅提升，已能满足人们日常出行需求，社会认可度快速提升。比亚迪、吉利、北汽等企业进入全球新能源乘用车销量前10名。新能源客车技术水平世界领先，已销往全球30多个国家，并实现了产品、技术、标准和服务携同"走出去"。宁德时代、精进电动等电池电机企业成为全球知名供应商。新能源汽车发展带动上下游产业投资，贯通了基础材料、关键零部件、制造装备等产业链关键环节，建立了结构完整、安全可控的产业体系。可以说，我国的新能源汽车产业发展与国际先进水平基本同步，具备在新能源汽车领域形成全球创新引领的良好基础。

在智能网联汽车方面，智能网联汽车，代表未来汽车产业技术的发展方向和战略制高点。目前，各汽车工业强国都已制定了智能网联汽车发展长远规划或行动计划，纷纷加大研发投入，加强核心技术攻关。工业和信息化部从顶层设计、标准法规制定、试点示范区建设等方面积极推动智能网联汽车发展，国内大部分车企已发布了各自的智能网联汽车发展规划，部分企业进行了自动驾驶汽车研发与测试，众多互联网科技企业也纷纷进入该领域，技术发展和产业布局初见成效。此外，我国在智能网联汽车发展方面还存在核心技术薄弱、协同推进力度不够等问题。下一步还应加强统筹协调，推动跨产业、跨部门合作，形成发展合力。

第六节　《关于促进和规范民用无人机制造业发展的指导意见》

一、背景

近年来，我国无人机产业发展迅猛，近三年年均产值增速达90%以上。在个人娱乐消费领域已占据全球领先优势，在生产作业及商业应用等领域也正发挥越来越重要的作用。目前我国已经形成了以西工大、北航等一批科研院所，中航工业、航天科技等一批企业集团，以及大疆创新、一电科技等优秀民营企业为代表的无人机研制生产单位，全国拥有民用无人机整机生产企业超过350家，2016年产业规模超过150亿元，占全国民用航空工业总产值比重超过10%，民用无人机企业年产量223万台，国内保有量近60万台。我国消费类无人机已占据全球70%以上市场份额，成为"中国制造"的新名片，产业优势明显。深圳大疆创新公司凭借可靠的飞行性能、领先的技术水平，迅速成为行业翘楚，正引领着产业发展。一些行业应用类无人机企业经过自主研发或集成创新，所生产的产品不断取得突破，一些产品迅速填补我国空白，企业技术水平、行业地位及影响显著提高。

但无人机迅速发展的同时，出现一些影响安全的事件，无人机非法掉落敏感地区及扰航等事件，已引起社会的高度关注。原因在于：一是行业法规标准滞后。由于无人机管理涉及部门多、覆盖领域广，其快速发展带来了研制、销售、空域和飞行管理、人员培训等环节法规标准、管理制度滞后的问题。一些消费类无人机制造门槛低、获取容易，由于缺乏适飞环境及用户安全意识薄弱，已成为"黑飞"主要来源。二是安全监管手段缺失。目前，针对无人机这类体积小、升空快、高度低的产品，其安全检测及飞行过程的探测、识别、监控等管理手段缺失的问题仍较为突出。一些地方为应对"黑飞"事件，出台了全域禁飞、起飞即抓等较为严厉的管控措施。三是行业应用类无人机部分核心技术仍不足，如在发动机油耗、可靠性水平等方面与国外主要产品差距还比较大，传感器、飞控系统、芯片及发动机等仍依赖进口。

为加快解决无人机产业发展过程中暴露出的突出问题，2017年12月6日，工业和信息化部印发了《关于促进和规范民用无人机制造业发展的指导意见》（工信部装〔2017〕310号），从统筹产业发展和安全规范角度出发，提出促控并举，加快营造产业发展的良好环境，推动发展国际标杆、安全规范、健康有序的民用无人机产业。

二、政策要点

《指导意见》提出"坚持市场主体，政府引导"，"坚持创新驱动，标准规范"，"坚持安全发展，技术管控"的基本原则，明确了产业发展阶段目标。到2020年，民用无人机产业持续快速发展，产值达到600亿元，年均增速40%以上。技术水平持续领先，企业发展取得突破，标准和检测认证体系基本建立，安全管控手段不断完善。到2025年，综合考虑产业成熟度提升后的发展规律，民用无人机产业将由高速成长转向逐步成熟，增速将逐步降低，按照年均25%的增长率测算，《指导意见》提出到2025年民用无人机产值达到1800亿元的发展目标。民用无人机的标准体系日趋完善，检测认证等相关专业服务机构数量不断增加，产业体系将更加健全，全球市场竞争优势将进一步加强。

为实现两个分阶段目标，《指导意见》以创新为动力，加快推动产业发展，建立管控平台，保障无人机安全可控，建设标准体系和检测认证体系，确保产业规范有序。同时，提出加强组织实施、加大政策支持、注重人才培养、发挥协会作用、强化日常监管等保障措施，以确保各项工作顺利推进。

三、政策解析

《指导意见》大力推进产业发展与安全防范，主要体现在：

一是突出产业发展，强化竞争优势。随着居民消费升级、人工智能快速发展，军民融合、两化融合的不断深入，无人机技术水平不断提高，使用范围越来越广，无人机产业持续受到市场关注。预计到2020年，我国民用无人机产业将实现产值规模达600亿元，年均增速40%以上；到2025年，产值规模将达到 1800 亿元，经济规模、企业实力及消费娱乐领域技术水平持续保持国际领先势头。为巩固提升我国民用无人机产业的国际竞争力，推动产业持续快速发展，《指导意见》强调突出企业市场主体地位，发挥无人机行业广大民营企业的竞争性作用和市场资源配置优势，提出以技术创新为引领，鼓励应用创新，推进企业商业模式创新，释放创新活力，加快推进无人机制造业供给侧结构性改革，大力促进两化融合及军民融合深度发展。并部署了大力开展技术创新、提升产品质量性能、加快培育优势企业、拓展服务应用领域、建立完善标准体系等为主的促进产业发展的任务措施，加快推动我国民用无人机产业创新发展。

二是加强技术管控，推动规范发展。无人机产业并非新出现的产业，但面临着新的发展环境。无人机技术创新的影响越来越突出，管理对技术的要求也越来越高。党的十九大报告提出，要推动互联网、大数据、人工智能和实体经济深度融合，在中高端消费、创新引领等领域培育新增长点、形成新动能，并提高社会治理社会化、法治化、智能化、专业化水平。这就要求，必须以技术为支撑，以标准为规范，加强新技术、新方法的应用，重点解决如何在新的环境形势下管理民用无人机这一新兴产业的问题。《指导意见》按照促进无人机产业发展并给予规范引导的主线，围绕提升无人机安全性和技术水平这一核心，从产品要求、管理手段等方面，重点提出了提升产品质量性能、强化频率规范使用、推进管控平台建设、推动产品检测认证等主要任务举措。创新管理模式，发展管控手段，疏堵结合、促控并行，大力推进我国无人机安全应用及产业规范有序发展。

三是坚持问题导向，解决产业关切。针对无人机快速发展带来的突出问题，《指导意见》重点从解决法规标准滞后的角度，提出完善无人机标准体系建设，推动建立基于产品安全性的无人机系统及关键零部件检验检测认证体系；从解决安全监管手段缺失角度，提出提升产品满足安全飞行及监管的性能要求，推进企业、省市、国家三级管控平台建设，利用移动网络、卫星或广播式自动监视系统等不同方式，实现不同类别无人机可识别、可监控、可追查；从解决部分核心技术不足角度，提出加快相应整机及核心关键技术攻关，提高企业专业化国际化发展水平。同时，针对解决当前由于管理措施不明朗、方式不健全及部分地区禁飞限制过严等导致产业受影响的问题，提出分类引导无人机企业对产品进行适航或认证，提升产品使用安全性，设立企业规范条件，并加强用户管理，加快拓展无人机服务和应用领域。

为全面贯彻落实好《指导意见》，地方及无人机制造企业应重点把握以下几方面的内容：

一是加强规划及政策研究制定。加强行业指导，加快制定落实《指导意见》的地方性规划文件，统一无人机产业发展和安全管控，在无人机技术创新、企业发展、行业应用、产业集群及技术管控、标准规范等方面提出可操作性措施。加强政策研究制定，综合运用各类手段加大对无人机支持力度。进一步突出产业发展，鼓励企业与高校、军工科研机构等联合，发展技术水平高、市场需求大的行业应用类无人机及短板欠缺的油动发动机、高集成度专用芯片及关键零部件等产品。积极搭建产品研制和试验检测等公共服务平台，引导企业瞄准需求，精准开发安全可靠的无人机产品。推动金融、保险等政策创新应用于无人机领域。加大无人机制造专业人才培养，构建无人机发展的人才队伍体系。

二是加快无人机标准制定。按照新标准化法及八部委发布的《无人驾驶航空器系统标准体系建设指南（2017—2018 年版）》，依托行业协会、产业联盟等，围绕市场需求制定团体标准和企业标准，推进无人机设计、生产、试验、使用、维护、适航、检测、评价等环节产品技术标准等制定，完善无人机标准体系。加强标准验证，推动先进团体标准、企业标准转化为行业或国家标准。积极参与国际标准化活动，主导国际标准制定，提升国际话语权，进一步推动我国无人机标准国际化，提升产业竞争力和影响力。

三是推动统一管控平台建设。按照《指导意见》提出的思路，要求安全隐患较大的娱乐消费类无人机实行在线验证激活关联实名绑定，与用户群体相对固定、飞行任务明确的行业应用类无人机共同纳入监管平台。推动企业建设监测产品流向及运行状态信息的企业级监控服务平台，并通过加装模块、飞控软件升级、预留接口或采用统一接口协议等技术手段，将产品纳入国家统一管控，实时将无人机运行信息反馈地方和国家，地方安全管理平台应做好与企业平台的衔接和数据共享，推动建设基于无人机身份识别和飞行状态的国家级管控平台。加强反无人机技术装备的规范使用，与管控平台联动，既做到安全防范，又不影响产业发展。

四是加大宣传引导力度。大力宣传安全飞行，通过社会媒体、公共平台大力开展安全宣传，提高公众安全意识，推动合法合规使用无人机。加强无人机企业对产品电子围栏技术、在线验证激活飞行、失控自动锁定以及实时在线监控等安全防范技术应用，引导需要纳入适航管理的民用无人机按照适航规章进行适航审查，提高产品技术水平和安全性能。有条件、有需求的地方可率先开展无人机管理法规、标准及政策试点，针对产业发展和安全规范，在管理方式、空域使用等方面形成有效经验，推动行业管理改革。

第七节　《国家机器人标准体系建设指南（2017 年版）》

一、背景

近年来，随着全球工业化进程的加快推进和机器人技术的不断发展，全球机器人产业技术水平持续增强，机器人的研发、制造、应用等各个环节已成为衡量一个国家科技创新和制造业水平的重要标志。2013 年，我国成为全球第一大机器人市场，其中工业机器人市场不断增长的需求带动全球机器人产业的发展。机器人产业对我国制造业、服务业、国防安全和社会发展至关重要。随着机器人产业的推进，机器人的标准化需求也日益增长。

我国工业机器人虽初步建立标准体系框架，但仍存在部分标准缺失老化问题，因标准研制滞后，导致技术要求难统一，产品质量难保证，影响产业的快速发展。标准作为经济、社会活动的技术依据，对促进我国机器人技术创新和产业提升具有重要作用。为贯彻《中国制造 2025》将机器人作为重点发展领域的总体部署，协调配套新型标准体系要求，解决机器人标准缺失、滞后、系统性不足等问题，指导当前和未来一段时间内的机器人标准化工作，2017 年 6 月，国家标准化管理委员会、国家发展和改革委员会、科学技术部、工业和信息化部共同制定印发了《国家机器人标准体系建设指南（2017 年版）》。

贯彻落实《建设指南》，促进创新标准化体制机制、加强机器人标准的统筹规划、加快标准的研制和实施、提升标准的国际化水平，也是建立动态完善机制与规范行业有序发展的机器人标准体系的重大机遇。

二、政策要点

（一）主要阶段

《建设指南》中指出，标准是产业发展和质量技术基础的核心要素，在机器人发展中具有基础性和引导性作用。我国机器人经过几十年的发展，标准体系框架已经初步形成，但存在部分标准化缺失老化问题，特别是服务机器人和特种机器人近年来发展迅速，应用范围日趋广泛，由于标准研制滞后，导致技术要求难以统一，产品质量缺乏保证，影响了产业的快速发展。

《建设指南》提出，根据当前机器人产业发展和标准化现状，机器人标准体系将在4年内健全并逐步完善，共分两个阶段完成：

第一阶段：到2018年，初步健全机器人标准体系。

第二阶段：到2020年，建立起较完善的机器人标准体系。

（二）重点领域

1. 基础标准领域

基础标准领域拟研制术语与定义、分类、支撑技术和智能化四个方面的标准。

制定包括个人/家用服务机器人、工业机器人、水下机器人和无人机（飞行机器人）等术语与定义标准；制定机器人总体分类标准，并在平衡车和无人机（飞行机器人）领域制定细化的分类标准；制定研发设计、控制优化和支撑平台等支撑技术标准。制定包括医疗机器人模块化、基于 OPC UA 的工业机器人信息模型、自主和遥控式水下机器人的载体机构和导航定位系统等研发设计标准。制定包括工业机器人力控制、基于可编程控制器的工业机器人运动控制和面向智能制造单元的工业机器人集成控制技术等控制优化标准。制定包括视觉集成技术条件、软件开发平台的 XML 描述、云服务平台分类与参考体系结构和云服务平台数据交换规范等工业机器人支撑标准；自治程度指导与说明等医疗机器人支撑标准；感知和规避能让及自治程度分类等无人机（飞行机器人）支撑标准；以及机器人操作系统和嵌入式软件支撑标准。

2. 检测评定方法标准领域

机器人的检测评定方法拟研制功能和性能、安全、电磁兼容、环境和可靠性五个方面的标准。

制定工业机器人功能和性能标准，包括双臂工业机器人。制定个人服务机器人功能和性能标准，包括个人护理机器人、电动平衡车、安防监控服务机器人、养老助残服务机器人和教育娱乐服务机器人。制定公共服务机器人功能和性能标准，包括医疗机器人和自动停车服务机器人。制定特种机器人功能和性能标准，包括无人机（飞行机器人）及行业急需的架空输电线路巡检的无人机（飞行机器人）、水下机器人及行业急需的自主水下机器人。制定机器人噪声、谐波齿轮减速器性能方面的标准。制定机械电气安全、功能安全和信息安全等检测评定方法标准。制定包括服务机器人、工业机器人和无人机（飞行机器人）等机械电气安全检测评定方法标准。制定包括工业机器人、服务机器人和自动导引车辆的功能安全检测评定方法标准。制定包括工业机器人整机和工业机器人的智能控制单元与服务机器人的信息安全检测评定方法标准。制定包括设计规范、试验方法和评估指南等电磁兼容标准。制定包括工业机器人和服务机器人的电磁兼容设计规范标准。制定包括服务机器人、平衡车和水下机器人的电磁兼容测试标准。制定机器人用控制器的电磁兼容测试标准。制定机器人电磁兼容评估指南标准。制定环境适应性和环境保护等环境标准。制定工业机器人防爆环境等环境适应性标准。制定服务和工业机器人的生命周期对环境影响评价方法标准。制定个人/家用服务机器人噪声测试方法标准等环境保护标准。制定试验方法和评估指南等可靠性标准。制定工业机器人在机械环境和特殊气候环境试验方法、水下机器人寿命评估等可靠性试验标准。制定特种机器人、服务机器人、公共服务机器人、工业机器人和个人/家用服务机器人的可靠性试验方法标准。制定自动导引车辆和工业机器人控制系统可靠性评估指南标准。

3. 零部件标准领域

在零部件领域拟研制高精密减速器、伺服电机驱动器、传感器、电池和电缆方面的标准。制定机器人用精密行星摆线和精密摆线针轮减速器标准。制定机器人用六维力传感器标准。制定服务机器人、工业机器人，以及平衡车的电池标准。制定工业机器人电缆标准。

4. 整机标准领域

整机标准领域拟研制工业机器人、个人/家用服务机器人、公共服务机器人和特种机器人四个方面的标准。

制定防爆工业机器人、三自由度并联机器人、六自由度并联机器人、智能图书机器人、焊接机器人、自动导引车等整机标准。制定切割、锻造、冲压、研磨抛光、定重式灌装、自动化生产线桁架式、大型工业承压设备检测、工业环境用移动操作臂复合、分拣、在线式喷胶、注塑、打磨抛光集成系统等加工机器人的整机标准。制定个人/家用以及类似用途服务机器人整机标准。制定烹饪、擦窗、养老助残、个人运输以及安防监控等机器人整机标准。制定酒店、银行、场馆、讲解、展示、扫地、公共巡检安防和餐饮等公共服务机器人整机标准。制定特种极限、康复辅助、农业、军用和警用、电力、清洁和医疗服务等特种机器人标准。

5. 系统集成标准领域

系统集成领域拟研制接口、数据和协作三个方面标准。

制定工业机器人的通用驱动模块和控制接口等通信接口类标准。制定数控装置互联互通及互操作标准；制定机器人集成应用系统、协作机器人等控制实时性标准；制定协作机器人的联合加工安全性标准。制定面向人机协作安全工业机器人设计规范标准；制定实时性通信协议、功能体系结构和系统性能评价等多机器人标准。

三、政策解析

《建设指南》的实施将会加强行业规范管理，提升生产效率和质量，降低人工成本和能源消耗，对我国紧抓机遇，加快传统制造业转型升级具有重要意义。《建设指南》根据当前机器人产业发展和标准化现状，分类分层指导，分领域、步骤持续推进我国机器人产业发展。一是制定了机器人整机、零部件、系统集成等领域的检测评定方法标准，为我国机器人产业发展奠定了基石。二是建立了机器人领域的新型工作机制，通过标准指导框架，规避标准立项和修订过程中存在交叉重复、资源浪费的问题，提升了标准制定、修订、推广、实施的效率。三是在标准研究层面，机器人伦理标准研究的提出预计会成为我国机器人产品顶层设计的考量标准。

热 点 篇

第二十一章　智能制造试点示范专项行动持续推进

第一节　主要情况介绍

一、背景

（一）智能制造是全球制造业的重要发展趋势

当前，全球新一轮科技革命和产业变革加紧孕育兴起，与我国制造业转型升级形成历史性交汇。智能制造在全球范围内快速发展，已成为制造业重要发展趋势，对产业发展和分工格局带来深刻影响，推动形成新的生产方式、产业形态、商业模式。发达国家实施"再工业化"战略，不断推出发展智能制造的新举措，通过政府、行业组织、企业等协同推进，积极培育制造业未来竞争优势。

（二）我国发展智能制造需要持续推进

通过近几年的持续努力，我国智能制造发展取得初步成效，顶层设计基本完成，国家、地方、行业、企业等多方协同推进机制初步形成，全社会共同推进智能制造的良好氛围逐渐形成，重点领域智能升级取得积极成效，有力推动了我国制造业供给侧结构性改革和优化升级。但与工业发达国家相比，我国智能制造发展水平还有不小差距，关键核心技术仍待突破、核心装备和软件受制于人、系统解决方案供给能力不足、标准体系建设滞后、工业互联网基础较薄弱，因此我国智能制造仍需加大力度、持续推进。

（三）2015—2016 年智能制造试点示范专项行动成效显著

2015—2016 年，工业和信息化部持续组织开展智能制造试点示范专项行动，确定了 109 个试点示范项目，为深入推进智能制造奠定良好基础。一是试点示范项目实施成效显著，在降低运营成本、缩短产品研制周期、提高生产效率、降低产品不良品率、提高能源利用率等方面效果明显；二是形成一批可复制推广的智能制造新模式，例如航空航天领域的网络协同制造模式，纺织服装领域的大规模个性化定制模式，以及风电装备等领域的远程运维服务模式；三是智能制造标准体系逐步完善，在发布《国家智能制造标准体系建设指南（2015 版）》的基础上，完成一批国家标准计划项目的立项，并通过发布解读和案例集、组织培训班等方式在各行业广泛宣传推广。

二、内容

2017 年 4 月 21 日，为落实《中国制造 2025》总体部署，在总结 2015 年和 2016 年智能制造试点示范专项行动的基础上，继续开展智能制造试点示范 2017 专项行动。

推荐项目的基本条件：一是项目实施单位应在我国境内注册，具有独立法人资格，运营和财务状况良好；二是项目技术上处于国内领先或国际先进水平，所使用的关键技术装备、软件需安全可控；三是项目须符合《2017 年智能制造试点示范项目要素条件》中相应模式的要求；四是项目须已投入运营，且在降低运营成本、缩短产品研制周期、提高生产效率、降低产品不良品率、提高能源利用率等方面已取得显著成效，并持续提升，具有良好的增长性；五是优先在新型工业化产业示范基地、工业稳增长和转型升级成效明显市（州）中，推荐基础条件好、成长性强、符合两化融合管理体系标准要求、开展多种模式试点示范的项目，优先推荐 2015—2016 年智能制造试点示范项目未涉及行业的项目。

此外，一同印发了《2017 年智能制造试点示范项目要素条件》，给出离散型智能制造、流程型智能制造、网络协同制造、大规模个性化定制、远程运维服务 5 种新模式项目，以及工业互联网、人工智能 2 种新技术创新应用项目的要素条件。

第二节　关键时间事件

一、2017 年智能制造试点示范项目名单公布

2017 年 9 月 14 日，经过各省（自治区、直辖市）工业和信息化主管部门推荐、专家评审、征求意见、结果审议、网上公示等环节，并综合考虑行业、区域、试点示范模式等因素，工业和信息化部公布了 2017 年智能制造试点示范项目名单，包括 93 个试点示范项目。至此，2015—2017 年共遴选了 206 个试点示范项目，分布在 30 个省（自治区、直辖市），除西藏自治区外，全国其余省份实现了全覆盖；206 个试点示范项目覆盖 82 个行业，涉及原材料领域 42 项、民爆领域 3 项、装备领域 75 项、消费品领域 47 项、电子信息领域 39 项，体现了广泛的行业代表性和区域覆盖性。

二、全国智能制造试点示范经验交流电视电话会胜利召开

2017 年 11 月 24 日，工信部召开了 2017 年全国智能制造试点示范经验交流电视电话会议，辛国斌副部长出席会议并作重要讲话。雅化集团、茂名石化、沈阳新松、九牧集团、京东方、北汽福田 6 家企业的代表分别介绍了自身的智能制造发展情况、实施经验、示范作用等。来自工信部相关司局、北京经信委、相关行业协会、专家、媒体的代表 100 多人参加北京主会场会议。各省（区、市）、计划单列市设分会场，各地工信主管部门负责人、各地试点示范企业、相关企业代表共 1700 多人参加了分会场会议。

三、组织召开全国智能制造试点示范企业工作座谈会

2017 年 10 月，工信部组织召开全国智能制造试点示范企业工作座谈会，全国 145 家智能制造试点示范企业代表参加会议，九牧集团、沈阳新松机器人、大禹节水、茂名石化、宁波均胜等多家企业就智能制造取得的宝贵经验进行了重点交流发言。围绕石化、装备、食品、民爆等智能制造成效较为突

出的领域，由原材料司、装备司、消费品司、电子司、安全司、信管局分别牵头，共组织召开了 10 余次现场经验交流会，近千家企业参会学习。

四、持续推进智能制造标准体系建设

在国家智能制造标准体系建设指南、智能制造标准体系总体框架指导下，智能制造综合标准化总体组加快修订《国家智能制造标准体系建设指南（2015 版）》，2017 年先后两批 12 项国家标准获得立项，三年来共正式发布 22 项国家标准，已发布标准在石化、汽车、家电等行业得到应用验证。中德智能制造/工业 4.0 标准化工作组深入推进系统架构互认、信息安全、无线通信等工作。

五、利用工博会等平台强化宣传推广

在第十九届中国国际工业博览会（上海）、2017 世界智能制造大会（南京）上，集中展示了 2015—2017 年 206 个试点示范企业在智能制造发展方面的探索实践和可喜成绩，三年实践硕果累累。利用世界智能制造大会发布《中国智能制造绿皮书（2017）》，其中对企业智能制造试点示范等方面进行了深入研究。

第三节　效果及影响

一、专家观点

中国工程院院长周济指出，智能制造在西方发达国家是一个串联式的发展过程，数字化、网络化、智能化是西方顺序发展智能制造三个阶段。但我们不能够走西方顺序发展老路，如果是这样，我国就无法完成中国制造业转型升级的历史性任务。我们必须充分发挥后发优势，采取"并联式"发展方式，要数字化、网络化、智能化并行推进，融合发展。一方面我国必须坚持创新引领，直接利用互联网、大数据、人工智能等最先进的技术，瞄准高端

方向，加快研究、开发、推广、应用新一代智能制造技术，走出一条推进智能制造的新路，实现我国制造业的换道超车。另一方面，我国必须实事求是，循序渐进，分阶段地推进企业的技术改造、智能升级。针对我国大多数企业尚没有完成数字化转型的基本国情，各个企业都必须补上"数字化转型"这一课，补好智能制造发展基础。

国家信息化专家咨询委员会常务副主任周宏仁认为，产品、装备和过程是智能制造的三个支点。其中，产品的智能化是企业必须考虑的首要问题之一，如果企业的产品不是智能化的，产品和企业今后被淘汰的可能性就很大。生产过程（包括研发、设计）中的每一个关键环节上的装备一定要智能化，如果实现不了，劳动生产力和劳动效率就不可能得到很大提高，企业可能就没有竞争力。第三点就是企业生产过程的智能化，企业只有实现生产全过程的智能化，才能实现企业全局的智能化，才能够实现智能化效益的最大化。同时，他还强调当下中国发展智能制造的当务之急是解决产品和装备的智能化问题。

二、后续影响

（一）多方协同的智能制造推进机制基本形成

围绕离散型智能制造、流程型智能制造、网络协同制造、大规模个性化定制、远程运维服务 5 种智能制造新模式，工信部和相关部门建立联动机制，各地方积极作为，形成了央地联动、多方协同的智能制造推进格局。同时，利用工业转型升级（"中国制造 2025"）资金、国家科技重大专项、国家重点研发计划等渠道，加大对智能制造试点示范项目的支持，上海、重庆等多个省市采取奖励、补贴等方式对国家智能制造试点示范项目予以支持。

（二）试点示范项目实施成效显著

智能化改造前后对比，试点示范项目在运营成本、产品研制周期、生产效率、产品不良率、能源利用率等关键指标方面取得显著改进。如新松机器人智能工厂项目实现了机器人生产机器人，生产效率由原先 6 台/人年提升到 18 台/人年，提升 200%；运营成本由 15.5 万元/台降到 12.8 万元/台，降低 21%；产品研制周期由 180 天缩短为 120 天，降低 33%；产品不良品率由 5%

降到 2%，降低 60%；能源利用率由 45% 提升到 50%，提升 11%。据对 2015—2017 年的 206 个项目调查，智能化改造前后对比，生产效率平均提高 35%，能源利用率提高 15%，运营成本降低 26%。

（三）初步探索形成若干可复制推广的典型模式

各企业积极探索智能制造新模式，初步建成了九江石化智能工厂、宁波均胜电子产品智能工厂、海尔集团空调互联工厂等一批标杆项目，形成了一批可复制、可借鉴、可推广的智能制造新模式。例如，在航空装备制造、汽车制造、船舶制造、工程机械等离散制造业领域，形成了以缩短产品研制周期为核心的产品全生命周期数字一体化和基于工业互联网的远程运维服务新模式。在化工、冶金等领域，形成了以提高能源资源利用率为核心的全生产过程能源优化管理的新模式。在服装、纺织、家居、家电等消费品领域，形成了以满足用户个性化需求为引领的大规模个性化定制模式。

（四）初步培育形成一批系统解决方案供应商

智能制造试点示范企业在探索和实践中不断总结经验，与装备制造商、软件开发商等紧密配合、协同创新，联合为行业提供智能制造系统解决方案，不断向行业复制、推广成功模式。如近几年，新松机器人已在一汽、华晨、海信、创维、临工等数十个行业龙头企业实施了基于自主工业机器人的生产线，覆盖汽车、家电、工程机械等十多个行业；石化盈科智能制造解决方案已成功应用于中国石化、中煤集团、神华集团等 60 余家企业；酷特智能承担了服装鞋帽、机械、电子等 20 多个行业的 70 多项智能化改造项目。

第二十二章　加快布局发展
下一代汽车计算平台

全球汽车产业正处于深度变革时期，智能化、网联化成为汽车产业发展新的战略制高点。计算平台是智能网联汽车发展的关键，市场前景广阔。目前我国智能网联汽车计算平台与国际水平仍存在差距，主要体现在：硬件设计及开发刚起步，芯片被外资掌控，软件独立开发能力不足，缺乏车载计算平台认证测试规范。未来我国应重点打造汽车级芯片的研发及产业化的技术创新环境，搭建智能车载计算平台的产品测试及认证环境，建立智能网联汽车公开道路试验及应用环境。

第一节　主要情况介绍

一、背景

智能网联汽车计算平台是基于高性能芯片和嵌入式实时操作系统构建的整车计算控制核心，能够实现车辆状态判断、行为决策和整车控制。J. P. 摩根做出预测，整个汽车芯片市场将会在 2025 年前达到 730 亿美元规模。计算平台已经成为行业竞争的热点。车载计算平台与通信、信息、交通等多领域实现协同创新、融合发展，是智能网联汽车发展的重要支撑，对于我国抢占汽车产业发展制高点和建设汽车强国具有重要意义。

二、内容

(一) IT巨头发力研制车载计算平台

随着自动驾驶技术的兴起，汽车正日益成为一种新型互联网智能终端，而智能网联汽车计算平台作为下一代汽车的大脑，将成为继电脑、智能手机之后的下一个主战场。IT企业通过收购、整合跨界到车载计算平台领域，抢占行业先机。

英特尔通过一系列并购与投资打造了CPU、FPGA、EyeQ、5G构成的通信和计算平台，在智能网联汽车的业务布局已经趋于完善。2017年7月，英特尔推出首个具备自动驾驶功能的5G车载计算平台——英特尔GO，提供从汽车、网络到云的端到端自动驾驶解决方案，未来，英特尔将加速打造车载计算平台的生态圈。

英伟达凭借在深度学习训练平台领域的优势，实现了智能网联汽车计算平台的快速迭代，欲打造自动驾驶最强大脑。其最新推出的车载计算平台Xavier具有出色的计算性能和较低的功耗，运算性能可达30TOPS，而功耗仅为30W。未来，英伟达将根据不同企业的传感器布局和要求提供定制版本的Xavier计算平台，目前已与丰田和奥迪达成战略合作，提供定制版计算平台。

高通收购汽车芯片制造商恩智浦布局车载计算平台，恩智浦2016年推出的BlueBox智能网联汽车计算平台，能够将来自摄像头、雷达以及车载通信模块等的数据进行处理，进而使汽车实现自动驾驶功能。目前，高通的计算平台仍偏于硬件系统，未来，高通将致力于研发基于计算平台的算法库，进而打造软硬件集成的高性能计算平台。

(二) 零部件企业主动涉足车载计算平台

汽车零部件供应商将智能网联汽车计算平台视为汽车产业新领域新阶段的盈利增长点，纷纷联手软件及芯片龙头企业，布局车载计算平台产品。

博世联合英伟达开发基于人工智能技术、可大规模量产的车载计算平台。目前，博世的车载计算平台搭载具有Xavier人工智能超算芯片的Drive PX平台，每秒可进行30万亿次深度学习运算，能够实现L4级别的自动驾驶。

德尔福联手Mobileye打造计算平台。双方合作开发中央传感定位与规划

（CSLP）平台，德尔福主要提供雷达硬件方面的支持，Mobileye 提供摄像头及相关算法的支持。CSLP 平台由控制模块、感知模块、自动驾驶规划模块构成，具有高度的集成化的特性，能够实现精确定位、自由空间探测、360°行人感应、3D 车辆探测、路径与移动规划等功能。德尔福力图推出市场上首个 L4/L5 级别自动驾驶，预计 2019 年实现量产。

（三）整车企业积极应用车载计算平台

新一轮科技科技革命正在加速汽车产业变革，未来汽车产业和科技深度融合，汽车企业正加速布局智能网联汽车。

特斯拉销售的所有车型都搭载了可支撑全自动驾驶功能的计算平台。该计算平台基于英伟达 Drive PX2，通过运营 Tesla 新开发的神经网络系统（Tesla Neural Net），以处理来自 8 个车身摄像头、12 个超声波传感器和 1 个增强版前向毫米波雷达获取的数据。未来，特斯拉计划推出通过不断迭代辅助驾驶技术并最终实现无人驾驶的车载计算平台。

奥迪强势推出车载计算平台 zFAS。zFAS 由奥迪、德尔福、英伟达、Mobileye、TTTech 合作开发，整合英伟达的 GPU、Mobileye 的 EyeQ 系列视觉芯片，以及通信模块。zFAS 的环境感知解决方案包括 4 个高清俯视鱼眼摄像头、1 个高清 3D 摄像头、1 个红外线夜视摄像头、4 个超声波传感器和 1 个激光雷达。搭载 zFAS 的奥迪 A8 有望成为全球首款实现 L3 级别自动驾驶的量产车，预计 2018 年正式投放市场。福特、通用、沃尔沃、宝马等汽车企业也都在积极参与研制自动驾驶场景下的车载计算平台。

第二节 关键时间事件

一、《汽车产业中长期发展规划》发布

2017 年 4 月，工业和信息化部联合国家发展改革委、科技部发布《汽车产业中长期发展规划》，《规划》指出，我国汽车强国建设路线上以智能网联汽车为重要突破口，引领汽车产业转型升级，重点提出加大智能网联汽车关

键技术攻关，促进车载终端、操作系统等研发与产业化应用。

二、《智能汽车创新发展战略（征求意见稿)》发布

2018 年 1 月，国家发展和改革委就《智能汽车创新发展战略》公开征求意见，并指出智能汽车新车占比达到 50%，中高级别智能汽车实现市场化应用，重点区域示范运行取得成效。《战略》明确指出，重点突破车载计算平台、车用无线通信网络等关键核心技术。

第三节　效果及影响

一、打造汽车级芯片研发及产业化的创新环境

一是统筹利用国家研发计划和重大专项等，加大科技专项资金对车载计算平台核心关键技术的研发支持，突破感知识别、多源信息融合、人机交互、深度学习算法等技术领域，加快研发高运算速度、低能耗的汽车级芯片，整合车用中央控制单元、通信模组、图像处理等芯片，提升车载计算平台的软硬件运行能力。二是培育具有核心技术的汽车级芯片企业，支持龙头企业形成专利池，缩小我国与国际先进企业在汽车级芯片领域的技术差距，摆脱进口依赖。三是加快产业创新中心建设，加大科技专项资金对车载计算平台研发及产业化的支持，建立自主可控技术体系。打造公共数据资源库、标准测试数据集、云服务平台等，促进各类通用软件和技术平台的开源开放。

二、搭建车载计算平台的产品测试及认证环境

一是建立用于测试车载计算平台信息安全性及系统可靠性等性能的评测体系。重点建设面向复杂道路环境下环境感知、自主协同控制、智能决策等共性核心技术的支撑系统，逐步形成开放式、模块化、可重构的智能网联汽车计算平台的测试环境。二是搭建国家车载计算平台检测认证服务平台，评估产品和系统的关键性能，为行业提供公共技术及第三方测试服务。三是针

对车载计算平台及关键电子部件制定信息安全监督认证机制，强化车载计算平台产品和系统信息安全防护，尤其对实现对 CA、HA、FA（L3 及以上）级别的车载计算平台要求实施强制信息安全认证。

三、建立车载计算平台公开道路试验及应用环境

一是跨部门协同推进道路基础设施的智能化改造，提高智能道路设施的普及率。二是支持符合条件的城市作为试点，推进道路智能化改造，允许车企在公开道路环境下的开展搭载车载计算平台的智能网联汽车路试，对上路测试车辆发临时通行牌照。三是针对安全监管问题，制修订道路交通规范，进一步完善交通事故责任认定法规，构建符合国情的智能交通法规体系。

第二十三章　民用无人机发展
　　　　与管理促控并行

　　2017 年，对于民用无人机行业来说，是充满挑战和机遇的一年。民用无人机继续保持迅猛发展势头，深圳大疆公司无人机产值规模已达 180 亿元，同比增长 80%。民用无人机应用领域进一步拓展，成为通用航空大家庭中重要的一员，已经在国民经济和社会生产生活中发挥着越来越重要的作用。但与此同时，无人机"黑飞"、扰航等事件频发，严重威胁公共安全和国家安全，引起社会的广泛关注。国家及各地方纷纷收紧对无人机飞行的管控，禁飞区、实名登记、严格管控成为民用无人机发展所必须面对的环境。

第一节　主要情况介绍

一、背景

　　近年来，我国民用无人机发展取得了显著的成绩，个人消费类无人机已经具有全球市场领先优势，成为了"中国制造"一张靓丽的新名片。植保、物流、警用等行业应用类无人机也正在逐步走上舞台，成为新一轮投资热点。但在 2015 年全国共发生无人机扰航事件 4 起，2016 年已迅速上升至 23 起，2017 年，国内多家机场发生了无人机"黑飞"影响航班的事件，多架无人机进入机场净空保护区，严重影响了航空运输飞行安全及社会公共安全。

　　1 月 15 日，杭州萧山机场，1 架无人机飞到 450 米高空拍摄客机；

　　2 月 2—3 日，深圳宝安机场、昆明长水机场，出现多起无人机及不明物体干扰航班事件；

4 月 14 日起，成都双流机场，连续 17 天发生 9 起无人机干扰事件；

4 月 20 日，南京禄口机场，一架无人机飞入了机场净空保护区，14 个航班受到影响；

5 月 1 日，昆明长水机场，发生疑似无人机扰航事件；

5 月 10 日，珠海金湾机场，受到不明飞行信号干扰，多个航班无法正常降落；

5 月 12 日，重庆江北机场，无人机干扰共造成 240 多个航班备降、取消或延误。

同时，无人机掉落撞断高压线、影响列车出行和居民用电、砸伤人等现象时有发生，边境地区还出现利用无人机走私、组织实施违法犯罪活动等威胁。

造成无人机持续"黑飞"扰航的主要原因，还是由于管理制度顶层架构尚不健全，法规标准仍缺失，能飞可飞环境欠缺，且缺乏有效的安全管控技术手段。因此，加强无人机安全管控，已成为社会各界及各地方的主要呼声。四川、重庆、福建、云南、北京、天津、河北、新疆、广东、吉林、江苏、陕西等 10 多个省区市陆续出台无人机相关的禁飞、限飞法规或通告；深圳、石家庄、月牙泉、武汉、黄山、大连、柳州、扬州、泰州、桂林、泉州、东莞、齐齐哈尔、无锡等 10 余个城市也在重要区域内设禁限飞区。

但是，我国民用无人机产业发展取得的成绩来之不易，保持产业健康快速发展，应加强安全管控，更应加快营造产业发展的良好环境，维护和培育好产业竞争优势，促进产业健康有序发展。

二、内容

如何管理无人机，社会上存在"管大控小"甚至"管死拉倒"等多种不同看法，有的提出按照有人机管理，也有的提出按照枪支或者汽车管理，争论较多，分歧很大。从国际上来看，无人机的管理，也是秉承"管住该管的，放开该放的"原则进行的，既加强安全管控，也给产业发展留足空间。目前，全世界都在积极探索无人机的管理办法。据不完全统计，欧盟 18 个成员国和美、日、加等 30 多个国家均颁布了无人机管理法规。国外发达国家和国际民航组织都在寻求加强技术更新、完善管理制度、出台相应规范等措施，推动合法合规飞行及产业持续健康发展。

国际民航组织（ICAO）高度重视无人机的管理问题，正在研究制定相关的国际标准，发布了"无人机系统"通告，组织各成员国和组织就无人机应用和发展进行研究，拟制定相关标准、推荐措施和指导性文件，推动全球无人机管理向安全、可靠和利于运行监管方向迈进。国际民航组织已成立无人机研究小组，成员包括美国、英国、法国等 21 个国家和组织。由包括美国联邦航空局（FAA）、欧洲航空安全局（EASA）、英国的 CAA 等世界 50 多个国家民航局形成的国际无人航空器系统规章制定联合机构 JARUS，对无人航空器系统监管的主体思路，即是以一种与其特殊运行风险成正比的方式进行监管，提出开放类、特许类、审定类分级分类监管的框架。美国则积极推动无人机商业化应用，发布了 Part 107 小型无人机管理规章，从无人机安全飞行、人员培训、空域限制等方面提出了规定性的措施。欧洲的无人机管理主要是由 EASA 来主导，基本采用的是开放、特许、审定等分级分类监管架构，但商业化推进较为缓慢。亚太地区如日本则委托民团组织承担规制责任，韩国则以机场建设为切入点对无人机商业应用进行短期规划。

纵观各国的管理及措施，其主要有几个方面的共同点：一是大力促进产业发展，支持行业技术创新及商业化应用，提升无人机产品技术性能和水平。二是始终加强安全管控，围绕加强无人机飞行安全使用，聚焦运营层面的登记与标识、人员资质、飞行空域限制、防范反制措施等，加强法规标准制定，完善相关制度和政策，加快建立安全管控技术体系。

第二节　关键时间事件

2017 年 5 月，成都、重庆机场发生无人机持续扰航事件，引起党中央、国务院高度重视及社会广泛关注，国务院、中央军委空中交通管制委员会及时制定出台《无人驾驶航空器专项整治方案》，要求各部委和地方联合起来，对无人机"黑飞"扰航等问题，开展集中专项整治。

5 月 16 日，民航局下发了《民用无人驾驶航空器实名制登记管理规定》，要求从 6 月 1 日起，个人购买的最大起飞重量为 250 克（含 250 克）以上的无人机，须在 8 月 31 日之前在"中国民用航空局民用无人机实名登记系统"上实名登记。

2017 年 6 月，国标委联合科技部、工业和信息化部、公安部、农业部、体育总局、能源局、民航局等八部委联合发布了《无人驾驶航空器系统标准体系建设指南（2017—2018 年版)》，力图推进构建科学合理的无人驾驶航空器系统标准体系，推动无人机技术和行业的健康、有序、持续发展。

7 月 26 日，国务院发布《新一代人工智能发展规划》，提出要发展消费类和商用类无人机，在无人机、语音识别、图像识别等优势领域加快打造人工智能全球领军企业和品牌。

9 月 18 日，农业部办公厅、财政部办公厅和民航局综合司联合印发了《关于开展农机购置补贴引导植保无人飞机规范应用试点工作的通知》，选择在浙江（含宁波)、安徽、江西、湖南、广东、重庆等 6 个省市开展以农机购置补贴引导植保无人飞机规范应用的试点工作。

12 月 6 日，工业和信息化部印发《关于促进和规范民用无人机制造业发展的指导意见》，提出要以技术创新为引领，围绕提升民用无人机安全性和技术水平这一核心，推进统一管控平台建设，建立完善标准体系和检测认证体系，大力促进两化融合及军民深度融合发展，强化产业竞争优势，促进我国民用无人机制造业健康发展。

12 月 14 日，工业和信息化部印发《促进新一代人工智能产业发展三年行动计划（2018—2020 年)》，提出要发展智能无人机，"支持智能避障、自动巡航、面向复杂环境的自主飞行、群体作业等关键技术研发与应用，推动新一代通信及定位导航技术在无人机数据传输、链路控制、监控管理等方面的应用，开展智能飞控系统、高集成度专用芯片等关键部件研制。"

2018 年 2 月，国务院、中央军委空中交通管制委员会通过工业和信息化部、民航局等官方网站，面向社会公众发布《无人驾驶航空器飞行管理暂行条例（征求意见稿)》，公开征求社会意见。提出，依托无人驾驶航空器管理部际联席工作机制，界定职能任务，明晰协同关系，努力形成军地联动、统一高效、责任落实、协调密切的常态管控格局。一是坚持安全为要，把确保飞行安全和重要目标安全作为立法工作考虑的重点，科学统筹管理与使用的关系。二是坚持创新发展，着力在分级分类、空域划设、计划申请等管理措施上实现突破。三是坚持问题导向，以规范民用无人机运行及相关活动为重点，查找存在的矛盾问题，剖析症结根源，研提措施办法。四是坚持管放结合，对不同安全风险的无人机明确不同管理办法，简化管理流程，促进产业健康有序发展。

第三节　效果及影响

一、专家观点

JARUS副主席、国家空管法规标准研究中心副主任刘浩指出：从供给侧看，中国无疑是民用无人机大国，但要成为无人机强国还有很长的一段路要走，眼下在中国的监管尝试或许会开创领先于全球的新型管理模式，为世界树立典范。

国防大学胡钢锋研究员认为，党的十九大报告指出，要提高社会治理社会化、法治化、智能化、专业化水平。贯彻落实党的十九大精神，促进无人机产业健康有序发展，需要紧密结合新时代特征，坚持新理念，体系思考，管放结合，既不因噎废食，也不放任自流，尽快形成富有中国特色的无人机科学管理之路。一是科学界定无人机内涵，二是综合掌握不同类型无人机运行特点，三是分析借鉴国际最新成果，四是研究理清管放思路对策，避免我国民用无人机管理出现"一刀切，一放就乱、一统就死"局面。

河南省航空业协会副秘书长汤文军表示，无人驾驶航空器在人员密集的城市"黑飞"会对地面人员构成安全隐患，在目前情况下要想遏制"黑飞"现象，就要探索、制定适合中国特色的无人驾驶航空器的管理办法。同时，无人机行业是一个新兴产业，发展快是因为适应市场发展的需要，"黑飞"只是在发展过程中由于政策法规的制定跟不上行业的发展所产生的弊端，要正确看待这个问题，不能因噎废食，切忌"一管就死，一放就乱"。只要相关法规政策跟得上，充分考虑无人机行业的发展需求和民航、空管等部门的工作需要，从生产、适航、注册、审批、飞行、监管、惩处等方面全方位前瞻性立法，明确其民事责任、行政责任和刑事责任，并同步出台与法律相配套的实施细则、操作规程和行业规定，加强法制宣传教育，"黑飞"就不会发生，无人驾驶航空器产业还能够健康有序地发展。

深圳一电科技有限公司董事长张叶表示："一个行业要发展，不能不管，但也不能管死。"她认为，就像没有交通法规，汽车行业不可能发展得好一样，一个行业、企业的发展，离不开制度流程的完善和体系的建设。

二、后续影响

我国个人娱乐类无人机发展已走在世界前列，而这类无人机正是目前市场上的主要产品，占据80%以上的保有量份额，无疑将继续引领和推动整个行业和产业发展，因此，我国的无人机管理也应走在世界前列。既要采用新技术、新方法，防范违法违规飞行行为，加强安全管控，更要秉持开放包容的态度，进一步促进产业发展，争取形成无人机管理的世界典范，引领无人机产业发展和管理进步。

后续，随着国家法规标准的不断制定出台、政策措施的进一步制定实施，我国民用无人机的管理将越来越完善。民用无人机将在国家促发展、强管控的原则指引下，进一步实现安全规范、健康快速地发展。

第二十四章　中国增材制造大会暨展览会成功召开

2017 年 7 月 28—30 日，中国增材制造大会暨展览会（以下简称展会，AMCC2017）在杭州国际博览中心举办，以"增材制造，智造新动能"为主题，是国内增材制造领域规格最高、规模最大、国际化水平最高的一次业内盛会。增材制造专用材料、工艺装备、软件系统、服务平台、行业应用领域的高校、科研院所及国内外主流企业均有参展。本次大会暨展览会搭建了权威行业交流平台，系统梳理了《国家增材制造产业发展推进计划（2015—2016 年)》的实施成效，全面展示了我国增材制造技术创新成果、产业化以及示范应用等方面取得的重大成果，宣传、推介了增材制造技术和优秀解决方案；同时，有力提升了中国增材制造产业联盟服务能力和影响力，真正实现了联盟推动产需对接，规范行业秩序，提供优质服务的职能。

第一节　主要情况介绍

一、背景

增材制造技术是新一轮工业革命的重要标志之一，体现了信息网络技术与先进材料技术、数字制造技术的密切结合，是未来产业发展新的增长点。当前，全球范围内新一轮科技革命与产业革命正在萌发，世界各国纷纷将增材制造作为未来产业发展新增长点，推动增材制造技术与信息网络技术、新材料技术、新设计理念的加速融合。全球制造、消费模式开始重塑，增材制造产业将迎来巨大的发展机遇。与发达国家相比，我国增材制造产业尚存在关键技术滞后、创新能力不足、高端装备及零部件质量可靠性有待提升、应用广度深度有待提高等问题。为系统总结《国家增材制造产业发展推进计划（2015—2016 年)》实施的成功经验，全面展示产业发展成果，促进技术交流与行业应用，推动我国增材制造产业快速发展，在工业和信息化部与浙江省人民政府的指导下，由中国电子信息产业发展研究院、浙江省经济和信息化委员会、杭州市人民政府联合主办的 2017 中国增材制造大会暨展览会于 2017 年 7 月 28—30 日在杭州国际博览中心举办。

二、内容

2017 中国增材制造大会暨展览会共吸引了 1300 余人次参加高峰论坛，1000 余人次参加分论坛。中国增材制造展览会的展区面积达 1.6 万平方米，参展商近 200 家，涉及增材制造专用材料、工艺装备、软件系统、服务平台、行业应用领域的高校、科研院所及国内外主流企业。本次大会暨展览会搭建了权威行业交流平台，系统梳理了《国家增材制造产业发展推进计划（2015—2016 年)》的实施成效，全面展示了我国增材制造技术创新成果、产业化以及示范应用等方面取得的重大成果，宣传、推介了增材制造技术和优秀解决方案；同时，有力提升了中国增材制造产业联盟服务能力和影响力，真正实现了联盟推动产需对接，规范行业秩序，提供优质服务的职能。

大会期间，工业和信息化部苗圩部长率部办公厅、科技司、装备工业司及信息化和软件服务业司等相关司局负责同志，联合国工业发展组织总干事李勇参观了增材制造展。工业和信息化部刘利华副部长与浙江省高兴夫副省长出席开幕式并致辞，航空航天工业部原部长林宗棠应邀出席。中国工程院院士卢秉恒、德国弗朗恩霍夫激光技术研究所所长莱因哈特·波普拉维等专家发表主题演讲。

第二节 关键时间事件

一、在北京召开第一次新闻发布会

2017 年 5 月 11 日，2017 中国增材制造大会暨展览会首场新闻发布会在京召开。中国电子信息产业发展研究院副院长兼中国增材制造产业联盟秘书长王鹏、浙江经济和信息化委员会技术装备处处长李永伟、杭州萧山区政府副区长魏大庆等展会主、承办单位领导出席发布会并致辞。发布会介绍，AM-CC2017 展览规模预计为 20000 平方米，届时会有近 300 家增材制造相关企业集中亮相；同时有 600 多家来自航空航天、机械、汽车、能源、医疗、教育等重点应用领域的用户单位也将应邀莅临现场合作洽谈。同时为丰富展示内容、提升参观的趣味性，展会主办单位推出综合展区和互动展区以及现场体验和互动参与环节。

据介绍，展览同期将举办 2017 中国增材制造大会及多场专题会议。邀请政府主管部门领导、行业专家学者、典型企业代表，就增材制造产业政策导向、行业发展与应用现状、最新技术发展方向与路径、商业模式创新等议题展开深入探讨，议题紧扣当前国际国内增材制造产业发展趋势和当下行业热点，为我国增材制造产业的健康、有序发展建言献策。除此以外，展会主办方还将联合相关政府主管部门举办《国家增材制造产业发展行动计划（2017—2020 年）》编制意见征询会，并计划召开第一届中国增材制造产业联盟会员大会、《中国增材制造产业发展报告（2017）》报告发布会等多元化配套活动，通过"展＋会＋配套活动"的深度结合，将展会打造成为中国增材制造产业顶级平台。

二、在杭州召开第二次新闻发布会

2017 年 7 月 12 日，2017 中国增材制造大会暨展览会第二次新闻发布会在杭州隆重召开。杭州市经济和信息化委员会副主任蔡德全，中国电子信息产业发展研究院副院长、中国增材制造产业联盟秘书长王鹏，浙江省经济和信息化委员会技术进步与装备处处长李永伟，杭州市萧山区人民政府副区长魏大庆，杭州先临三维科技股份有限公司执行总裁、董事会秘书黄贤清，航天科工集团增材制造创新中心副总经理侯继伟参加了本次新闻发布会。李永伟处长强调："浙江省增材制造产业的发展态势良好，潜力无限。2017中国增材制造大会暨展览会作为省级高端制造大会，在工信部的指导下，我们将积极发挥指导、协调、检查以及推进的作用，配合杭州市及萧山区积极做好各方面工作，使大会以及展览顺利有效举办。"会上，魏大庆副区长代表承办单位发言，着重介绍了萧山区增材制造领域的战略布局。他表示，萧山区委区政府高度重视并全力支持展会工作。作为国内增材制造产业企业中的龙头代表，黄贤清表示，感谢各级政府对增材制造产业的支持，搭建了一个好的展示、交流与合作平台，大会的举办将会极大地促进我国增材制造产业的健康发展。侯继伟表示，增材制造技术为航天发动机结构设计带来了"功能优先"的设计新理念，该技术的发展将极大拓展制造技术范畴，提升制造技术水平。航天科工集团将大力支持、积极参与2017中国增材制造大会暨展览会。

第三节　特点及影响

一、大会暨展会特点

（一）规格最高

本次大会邀请到工业和信息化部苗圩部长、刘利华副部长，航空航天部原部长林宗棠，浙江省人民政府高兴夫副省长参会参展。同期，在工业和信息化部装备司组织召开《增材制造产业发展行动计划（征求意见稿）》研讨会，有关部委、地方工信部门、相关行业组织、企业、高校和科研院所等单位共60余名代表参加会议。

（二）规模最大

本次大会共吸引了1300余人次参加高峰论坛，1000余人次参加分论坛。

中国增材制造展览会的展区面积达 1.6 万平方米，参展商近 200 家，涉及增材制造专用材料、工艺装备、软件系统、服务平台、行业应用领域的高校、科研院所及企业，国内外主流企业均有参展。

（三）国际化水平最高

本次大会邀请到了德国弗朗恩霍夫激光技术研究所、美国爵硕大学、Stratasys、3D Systems、SLM Solutions 等机构及公司的全球知名技术专家、企业家进行了演讲，Stratasys、Envisiontec 等全球 3D 打印龙头企业参展，联合国工发组织总干事李勇一行赴展会参观指导。

二、后续影响

（一）搭建权威行业交流平台

本次大会系统梳理了《国家增材制造产业发展推进计划（2015—2016年)》的实施成效，全面展示了我国增材制造技术创新成果、产业化以及示范应用等方面取得的重大成果，宣传、推介了增材制造技术和优秀解决方案，共同探讨全球增材制造产业技术趋势、发展过程中面临的瓶颈和障碍，推进产研对接、产融对接、产需对接，扩大行业应用，搭建权威的行业交流平台，促进产业快速发展。

（二）提升联盟服务能力和影响力

当前，国内已陆续建立了几十个不同类型的增材制造产业联盟或地方性行业协会，但多数"雷声大雨点小"，据企业反映，目前的各种产业联盟或协会不是地域性较强、代表性不够，就是运作机制存在问题，多数较为松散，且流于形式，亟须建立市场需求为导向，具有权威性、可以紧密协作的全国性战略联盟或行业协会。本次大会暨展览会的成功召开，真正实现了中国增材制造产业联盟推动产需对接，规范行业秩序，提供优质服务的职能，有力提升了联盟服务能力和影响力。

第二十五章　豪华邮轮实现 "中国造" 迈出关键一步

国际金融危机以来，我国船舶工业结构性产能过剩，船舶产品低端化、同质化问题严重。2015年，中央多次强调供给侧结构性改革，就船舶工业而言，应该以创新调结构为主线，积极开发新产品，提高有效供给，推动船舶工业向中高端发展。豪华邮轮作为全球造船业 "皇冠上的明珠"，具有高技术、高附加值等特点，是我国船舶产品结构调整的重要发展方向之一。近几年，国际邮轮旅游市场发展迅速，带动了对豪华邮轮建造的需求，同时我国政府加大了对邮轮产业的关注和支持，这些因素都为我国豪华邮轮制造业的起步和发展创造了机遇。但就目前而言，我国豪华邮轮制造业仍面临诸多瓶颈和挑战，重点是要加快克服和解决邮轮设计、内饰装修等问题，早日实现国产豪华邮轮 "下海"。

第一节　主要情况介绍

一、背景

全球邮轮建造市场持续活跃。邮轮建造市场与经济、政治、人民生活水平和运营市场息息相关，具有明显周期波动性。从订单成交水平看，行情较好年份在15艘以上，较差在5艘以内，一般年份在10艘左右。国际金融危机以来，市场持续活跃，2015年全球共成交邮轮11艘，128.5万总吨，成交量虽然较2014年小幅回调，但仍处于危机以来高位。2016年上半年，全球邮轮累计成交15艘，178.74万总吨，同比大幅增长，与低迷的常规船型市场形成鲜明对比。

亚太地区邮轮到访量占全球比重呈上升趋势。随着世界主要的邮轮经营者都开始把重心转向亚洲，多家邮轮巨头均宣布进一步加大在亚洲尤其是中国市场的投入，亚太地区邮轮到访量占全球比重呈上升趋势。2015年以来，皇家加勒比的"海洋量子"号、"海洋赞礼"号，歌诗达的"赛琳娜"号，公主邮轮的"蓝宝石公主"号以及丽星的"云顶梦"号先后投入中国市场，各邮轮公司纷纷增船扩航抢占市场。从未来市场需求趋势来看，国际邮轮旅游市场将继续保持稳定的增长势头，国际邮轮协会（CLIA）预测，预计到2020年，全球邮轮乘客数量将在目前2300万人的基础上稳步增长至约3000万人水平，由此带动全球邮轮成交量继2016年创下历史新高后，随后几年都将保持年均15艘以上高位。

二、内容

国际金融危机后，全球船舶市场呈现持续低迷态势，唯独豪华邮轮建造市场例外，建造产能供不应求。为攻克豪华邮轮这一造船业"皇冠上的明珠"，推动我国船舶工业供给侧结构性改革，中国船舶工业集团积极开展中外多方合作，于2017年2月22日，与意大利芬坎蒂尼集团、美国嘉年华集团在北京签署了中国首艘国产大型邮轮建造备忘录协议（MOA），推动豪华邮轮"中国造"迈出了关键的一步。

目前北美洲邮轮市场渗透率约达3.4%，欧洲也达到了2%，而中国邮轮市场渗透率仅为0.09%，拥有很大提升空间。预计到2020年和2030年，中国的邮轮旅客将分别达到220万人和850万人，成为全球最大的邮轮市场之一。庞大的本土潜在市场，为我国船企发展豪华邮轮带来了外部机遇和本土优势。为应对新造船市场的低迷，中国船舶工业集团基于现有客船设计建造能力，瞄准豪华邮轮建造市场，主动寻求转型。我国政府大力支持邮轮产业发展，在已出台的《中国制造2025》《关于促进旅游装备制造业发展的实施意见》等多项政策中均提出要突破豪华邮轮设计建造技术。

第二节　关键时间事件

一、达成初步协议

2013 年，中船集团筹划启动邮轮发展战略，2014 年 10 月至 2015 年 8 月，中船集团分别与嘉年华集团、芬坎蒂尼集团、英国劳氏船级社、中投公司签署豪华邮轮战略合作备忘录。2015 年 10 月 13 日，中船集团与嘉年华集团、芬坎蒂尼集团、英国劳氏船级社、中投公司、上海市宝山区政府宣布创立邮轮产业合作六方国际联盟。

二、多方合作进入实体化

2015 年 10 月，在中英两国元首的见证下，中船集团联合中投公司与嘉年华集团就将在中国成立合资企业事宜签署了邮轮运营三方合资协议。2016 年 7 月 4 日，中船集团公司与意大利芬坎蒂尼集团正式签署豪华邮轮《造船合资公司协议》，在中国香港合资设立豪华邮轮设计建造公司。

三、项目实施

2016 年 10 月 12 日，上海中船国际邮轮产业园揭牌。2016 年 12 月 28 日，中船集团联合中国建设银行等 5 家银行共同发起设立国内首支邮轮产业发展基金，基金首期规模 300 亿元。2017 年 2 月 22 日，在中意两国元首见证下，中船集团与嘉年华集团、芬坎蒂尼集团签署我国首艘国产大型邮轮建造备忘录协议（MOA），标志着中国首艘国产大型豪华邮轮项目进入正式实施阶段。

第三节　效果及影响

一、专家观点

此关键事件标志着我国建造豪华邮轮时代已正式开启。我国对建造豪华邮轮非常关注，习近平主席、李克强总理、马凯副总理多次就此项工作作出指示。2015年5月，国务院发布了《中国制造2025》，明确提出要"突破豪华邮轮设计建造技术"，这为我国高技术船舶发展指明了方向，为船舶工业供给侧改革增添了新的内涵。中船集团、外高桥造船厂、厦船重工、武船重工都已经宣布进入邮轮制造领域。目前，欧洲国家豪华邮轮建造能力在7—8艘/年，订单有40—50艘，远远超出了建造能力，中船集团推动豪华邮轮"中国造"迈出了关键一步，证明中国船企已具备争夺全球豪华邮轮订单的能力。

此关键事件是中外多方合作推动我国产业实现重大进步的典型实践。受技术与市场限制，豪华邮轮一直是我国船舶工业没有突破的领域，此次中船集团与芬坎蒂尼集团、嘉年华集团的合作，成功利用国外船厂先进技术和我国船厂技术储备打破了技术限制，并解决了市场订单的问题，实现了产业上下游的协同发展。中船集团与中投集团的合作以及产业发展基金的成立，有效地满足了项目资金需求。此外，党和国家领导人以及地方政府的大力支持，加快了项目建设进度，大大降低了各方违约风险。

此关键事件标志着我国面向豪华邮轮的基本设计与建造能力获国际认可。此次合作，中船集团负责邮轮的详细设计与建造工作，嘉年华集团负责邮轮的运营管理。公开资料显示，目前一艘豪华邮轮的建造成本中，舱室环境工程一般占总价的45%—55%，有些甚至达到60%以上，可见，舱室工程的好坏将直接决定一艘豪华邮轮能否成功。而我国目前已经具备船舶舱室所涉及的绝缘、内装、空调通风、振动噪声等专业的设计和建造能力，开展舱室环境工程专业化设计、专业化配套、专业化施工工作已不成问题。

二、后续影响

　　未来，中船集团联合嘉年华集团等组建的邮轮船东运营合资公司将向中船集团与芬坎蒂尼集团合资组建的邮轮建造公司下单，并由中船集团旗下上海外高桥造船有限公司建造。同时，中船集团将继续联合芬坎蒂尼集团等有关各方，加快推进实现大型邮轮本土建造的资金、技术、人员、配套产业链等方面的准备工作，力争在2022年实现首艘豪华邮轮的"中国造"。

第二十六章 机器人制造正式独立分类

当前，全球先进制造业正处于一个持续、智能、安全和迅速崛起的全新阶段，科技革命和产业革命推动着技术发展与生产效率提升。原先《国民经济行业分类》中，没有对于机器人制造设立独立的分类，机器人产值、收入、利润等数据统计难以形成统一标准，造成数据统计困难、产业结构不完整、发展方向不明确等问题。2017 年 6 月，国家质量监督检验检疫总局、国家标准化管理委员会正式批准《国民经济行业分类》（GB/T4754—2017）国家标准，替代原《国民经济行业分类》（GB/T4574—2011）。

第一节 主要情况介绍

一、背景

当前，全球先进制造业正处于一个持续、智能、安全和迅速崛起的全新阶段，科技革命和产业革命推动着技术发展与生产效率提升。机器人发展水平是衡量一个国家科技水平和先进制造业水平的重要标志，也是促进智能制造发展的重要基石，机器人行业发展正在为中国先进制造业带来崭新的机遇。

原先《国民经济行业分类》中，没有针对机器人制造领域设立独立的分类，机器人产值、收入、利润等数据统计难以形成统一标准，造成数据统计困难、产业结构不完整、发展方向不明确等问题。对产业政策的制定和规划、重点项目审批等方面造成不利影响。2015 年，国家统计局启动《国民经济行业分类》修订工作，中国机器人产业联盟便多次提出细化机器人制造相关行业分类。经过反复探讨和调查研究之后，在最新修订的《国民经济行业分类》

中，工业机器人制造和特殊作业机器人制造被新增列为行业小类。

二、内容

2017 年 6 月 30 日，《国民经济行业分类》（GB/T4754—2017）国家标准正式替代原《国民经济行业分类》（GB/T4574—2011）。

表 26 - 1　2012—2014 年美国工业机器人新装机量情况

门类	大类	中类	小类	类别名称	说明
C				制造业	
	34			通用设备制造业	
		349		其他通用设备制造业	
			3491	工业机器人制造	指用于工业自动化领域的工业机器人的制造
			3492	特殊作业机器人制造	指用于特殊性作业的机器人制造，如水下、危险环境、高空作业、国防、科考、特殊搬运、农业等特殊作业机器人制造
			3493	增材制造装备制造	指以增材制造技术进行加工的设备制造和零部件制造
			3499	其他未列明通用设备制造业	

资料来源：国家统计局，2018 年 1 月。

第二节　关键时间事件

联合国统计司发布的《所有经济活动的国际标准行业分类》指出，中国1984 年制定的第一个行业分类标准，即《国民经济行业分类与代码》标志我国工业行业划分开始向国际化、标准化和规范化发展。

2011 年 4 月，国家质检总局和国家标准化委员会批准《国民经济行业分类》，将机器人行业分类至制造业门类、电气机械和器材制造业大类中，在过去的行业统计工作和经济管理活动中得到有效实施。随着"中国制造2025"的提出，制造业结构转型升级迫在眉睫，互联网经济、智能制造水平持续提升，新产业、新业态和新商业模式在近年不断涌现。2011 年版《国民经济行业分类》机器人分类较为粗放，较难完善、深入、精确地反映我国机器人制造业发展情况，国家、行业的需求不断增加。在此情况下，国家统计局开展了《国民经济行业分类》的修订工作。

2017 年 10 月，在《国民经济行业分类》（GB/T4754—2017）中，机器人制造被正式独立分类。新版《国民经济行业分类》的发布实施，贯彻以习近平同志为核心的党中央治国理政的新战略，及时、准确地反映我国经济新常态和产业结构转型升级涌现出来的新商业模式，为"中国制造 2025"战略行动计划实施情况提供更清晰的统计信息，并为派生产业分类提供了可操作的基础行业分类。

第三节　效果及影响

一、实施效果

将机器人制造正式独立分类，充分反映习近平总书记关于"五位一体"总体布局特别是经济建设重要论述，以国务院《政府工作报告》和有关文件为依据，满足国家研究制定产业政策的需要，进一步实现分类目录、调查表式和统计编码等标准化，不断推进统计制度方法改革的基础性工程。新标准的实施逐步推进机器人制造业统计标准库、产品分类等标准的动态管理机制建立工作。

新版《国民经济行业分类》，将进一步健全机器人产业统计调查体系，使得行业经济活中的普查、调查、数据统计、专项调查、调查范围更加规范，能够更好贯彻落实党中央、国务院决策部署，为"中国制造 2025"战略和国家"互联网＋"行动计划实施提供良好的分类、统计依据，奠定了标准基础，建立健全新产业、新业态、新商业模式统计监测制度。

二、后续影响

一方面，分门类统计是国家统计的重要组成部分，为机器人制造行业的统计设计、数据采集、加工汇总、研究分析和传播提供更新的标准规划。新的分类规定出台后，部门统计调查的调查对象、调查内容、调查范围等需要做出相应调整，部门制定与行业分类相关的统计分类标准，也需要进行同步调整。

另一方面，对机器人行业进行中类、小类的细化、增补、调整，能够改进机器人产业管理工作。统计是促进国家治理能力现代化的重要基础性任务，新的行业分类提高国家对机器人产业管理工作的效率。例如，在制定发布机器人发展规划中，使用清晰明确的机器人行业数据统计。又如，财政、税务、国家标准管理等需要按照新的行业分类进行调整，促进未来机器人产业管理工作更好地与经济结构的新发展和转型升级相适应。

展望篇

第二十七章　主要研究机构预测性观点综述

2017 年，全球机械产业强劲复苏，我国机械工业实现效益改善、出口回升态势，行业整体运行稳中有进。预计 2018 年，机械工业预计延续平稳增长趋势，主要经济指标增速保持或略低于上年水平，对外贸易出口保持适度增长，增速放缓略低于上年水平。预计 2018 年，全球汽车销量将首次达到并突破 1 亿辆大关。2018 年，我国汽车市场将持续延续缓慢增长态势，全年乘用车销量与 2017 年持平，商用车增长 1%。全球无人机支出将在 2018 年达到 90 亿美元，而且预计将以比整个市场更快的速度增长，5 年内的年复合增长率可达 29.8%。到 2020 年，我国民用无人机产值将达到 600 亿元，年均增速 40% 以上。2018 年，全球经济发展将趋于稳健，航运市场有望稳中向好。预计 2018 年，我国船舶工业主要经济指标将保持低位徘徊，造船完工量或将有所下降，新接订单比 2017 年或有提高，年底手持订单约 8000 万载重吨。

第一节　机械行业预测

一、全球机械行业预测

《工程机械行业投资研究报告》指出，受到中国基建和房地产业、北美油气业、全球矿业等拉动作用，全球机械产业强劲复苏。自 2016 年下半年以来，在全球机械设备零售增长整体下滑的情况下，中国工程机械行业强劲复苏。以中国为代表的亚太地区销售额，2017 年占比 22.1%，是全球销售收入新的增长极。

二、国内机械行业预测

《2017年机械工业经济运行形势信息报告》指出，2017年我国机械工业实现效益改善、出口回升态势，行业整体运行稳中有进，市场信心和活力有所提升。报告认为，2018年机械工业预计延续平稳增长趋势，主要经济指标增速保持或略低于上年水平，2018年机械工业增加值、主营业务收入和利润总额增速约7%，对外贸易出口保持适度增长，增速放缓略低于上年水平。中国机械工业联合会指出，政策环境稳定保证了整体行业有序发展。

（一）面临环境

一是消费环境得到改善。我国宏观经济预计保持稳中有增的态势，居民就业和收入总体有所增加。随着"互联网＋"的经济模式发展深化，新的消费方式被不断创新，基础设施建设逐步改进，消费潜力得到极大释放，相关机械产品的增长趋势明显。

二是投资环境逐步回稳。去产能和供给侧改革使得全社会固定资产投资的脆弱性和风险性仍然较高，但是在出口向好、利润提升、技改投资需求增大、新兴产业投资加快、PPP模式持续推进等因素的影响下，机械工业固定资产投资预计能实现稳步回升。

三是科技竞争实力不断突破。我国科技创新能力不断加强，机械工业领域的创新基础平台加速布局，国家实验室建设不断增速，信息、生物、新材料等技术通过互联、集成的方式在原有水平上不断取得突破，"智能制造"的新业态和新模式促使企业合作机制多样化，对科学技术的应用程度加深，成果转化速度明显增加。

四是行业竞争环境持续优化。单纯依靠低成本获取竞争优势的模式将会很难持续。技术引进和模仿的空间逐渐缩小，先进国家和企业通过技术集成、融合、嫁接，仍然处于国际价值链高端，未来"技术溢出效应"的空间会越来越小。机械工业高端供应不足与低端产能过剩的矛盾依然存在。

五是外贸环境保持增长。2018年世界经济将保持温和增长。据联合国有关部门预测："发展中经济体将继续是全球经济增长的主要动力。其中，中国经济在2017年与2018年的增长速度预计都将是6.5%。"发达经济体"再工业化"取得成效，新兴经济体需求改善，我国经济高质量发展特点更趋明显，总体有利于贸易持续向好。但是国际贸易保护主义加剧、贸易摩擦增多，人民币汇率走势不确定、全球产业竞争更加激烈，将在一定程度上影响外贸增长。

（二）宏观政策

中国机械工业联合会指出，政策环境稳定保证了整体行业有序发展。一方面，我国经济工作"稳中求进"的总基调仍然保持不变，《中国制造2025》的相关配套政策被稳步有序推进，机械工业发展所需的良好政策环境较好，国家保持继续明确发展实体经济的决心。另一方面，我国主要机械行业的经济指标的增速在平稳回暖，市场需求不断增加，行业的转型升级仍然不断推进，发展韧性持续增强。

但是行业发展受一些不利因素限制，一是2018年国家专项基金投资支持力度降低，刺激效果较上年放缓。二是机械工业传统用户的行业发展环境仍然没有根本性改变。例如，钢铁、电力、煤炭、石油等领域正在经历去产能阶段，在供给侧结构性改革的背景下，会为机械行业发展带来不确定性。三是电工行业的龙头产品（发电设备和特高压输变电设备）2018年产销形势预计将比较困难。

第二节　汽车行业预测

一、全球汽车行业预测

法国思迈汽车信息咨询公司（IHS Automotive）预测：2018年，全球汽车销量将首次达到并突破1亿辆大关。其中，中国仍是世界上最大的汽车市场，北美和欧洲等较成熟的市场也将继续发挥重要作用。随着新兴市场的兴起，成熟市场面临规模减小的压力，全球汽车产业发展格局将发生深刻变化。

IHS Automotive预测，尽管目前市场上有3款氢燃料电池汽车，但由于造价成本高以及基础设施不足等问题，氢燃料电池汽车发展进程有可能受到影响。伴随着欧洲汽车制造商涌入氢燃料电池汽车领域，未来10年内大约有14

款新氢燃料电池汽车会被推出市场。2027年氢燃料电池汽车的销量预计将超过7万辆，市场占有率不足0.1%。这个数值较当前水平来看虽然是巨幅增长，但对整个汽车市场而言依旧非常微弱，平均每1000辆汽车中还不到1辆。与此同时，IHS Automotive还指出，为使氢燃料电池汽车更环境友好，今后应重点做以下两件事。第一，氢能源的提取、生产应该取自可再生资源，而不是取自天然气、液态烃以及煤炭等；第二，氢燃料电池技术水平需要进一步提升，减少金属铂作为燃料催化剂的使用。IHS认为，在中期内相关领域技术不会有突破进展。

HIS Automotive预测，到2025年，全球自动驾驶汽车销售可达23万辆，占全球汽车总体销售的0.2%，到2035年、全球将有5400万辆自动驾驶汽车上路行驶，而全球的销售可达1180万辆，占全球汽车总销售量的9.2%。IHS还预测，到2050年时全球几乎所有的汽车都将会是自动驾驶汽车。

罗兰贝格预测，到2020年，全球大部分中重卡汽车市场将迎来快速发展趋势，其中东欧、俄罗斯、北美是重点增长市场。罗兰贝格认为，"高效、绿色、互联、安全"四大趋势将在很长时间内深刻地影响全球商用车的发展。第一，商用车的高效性包括整体产品拥有的成本、燃油经济性、汽车编队、运营时间、容量优化和交通运输基础设施的优化等。目前商用车排放技术主要有两条技术路线，分别是美国EGR技术路线和欧洲的SCR路线。第二，商用车的绿色性包括排放标准和后处理能力的提升，空气动力、电气化、轻量化、替代燃料、降噪等方面，其中，改进内燃机技术仍将是提升效率的主要方法之一，因此，提高混合动力、新型燃料的应用和整体的燃油经济性将是未来所有商用车企业都会考虑的问题。第三，互联互通性也是商用车未来技术发展的一个重要趋势，在很多领域，商用车的互联互通带来的经济效益会比乘用车更有效，主要包括远程故障诊断、负载监控、性能分析、订单管理、在线测试、大数据、远程信息处理等技术的应用，将会使商用车和车队的发展综合联系起来。第四，随着客户的需要和竞争的需要，商用车驾驶安全性的问题和对司机的关注度会越来越高。

二、国内汽车行业预测

中国汽车工业协会：2017年12月，中国汽车工业协会在"2018中国汽车市场发展预测峰会"上正式发布了关于 2018 年中国汽车市场的预测报告。报告显示，2018 年中国汽车市场将持续延续缓慢增长态势，全年乘用车销量为 2559 万台，同比增长 3%，与 2017 年持平；商用车增长 1%。在平衡了车辆进出口数量规模后，中汽协会预计 2018 年全年汽车市场需求为 2998 万辆。在乘用车细分市场中，报告预计 SUV 同比增长 11%，轿车仍呈下降态势，MPV 和交叉型乘用车同比负增长 11%、7%；在商用车市场，货车同比增长 2%，客车同比下降 2%。报告对新能源汽车市场继续保持乐观态度，预计 2018 年总销量达百万辆以上，增幅在 40% 以上。此外，中国汽车工业协会还分析了影响 2018 年车市的几点因素，主要包括：从宏观经济走势看，GDP 增长呈稳中趋缓，国民经济运行更加注重质量效益；国家提出的"一带一路"倡议推动汽车出口增长；从人口规模与汽车保有量关系看，我国仍存在着对汽车总量和结构性的需求；二手车交易量的增长将促进新车销售。从政策层面看，相关鼓励购车政策和对车企实施"双积分"政策，将大力促进新能源汽车的市场化进程。在汽车市场微增长已成定局的情况下，中汽协会副秘书长师建华表示，2017 年中国汽车工业经济运行的质量效益良好，符合行业近几年更加追求高质量增长的初衷，未来汽车市场一定会在质量效益上取得高速发展。他认为，不必对 3% 甚至以下的汽车产销增速感到担心，中国汽车市场继续扩张的根本原因是有着强大的市场需求。

国家信息中心副主任徐长明预测：2018 年我国乘用车销量大盘增长速度应该在 3%—4% 之间。2018 年我国汽车市场销量主要取决于三个因素：一是长期发展趋势，即规律；二是 2018 年的实际状况；三是政策和偶然因素。从长期发展趋势来看，未来我国汽车销量还有 50% 的增长空间，中国汽车销量峰值在 4200 万辆左右；2018 年我国 GDP 增速均值在 6.5% 左右。其次，从政策和偶然因素来看，从 2018 年开始，购置税优惠政策退出，将直接影响汽车消费需求；未来随着经济水平提升和消费升级，豪华品牌车型销量占比将会持续提升；自主品牌整体竞争力逐渐提升，但发展具不平衡性。自主品牌竞争力的提升主要原因在于以研发能力为代表的能力提升。如今，吉利、长安、广汽等自主品牌研发能力非常强，带领自主品牌销量提升。但就内部而言，其格局也在发生变化，吉利等车企销量增长非常多，但原本销量在十几万辆的品牌也则开始面临增长困境。

第三节　航空行业预测

一、全球航空行业预测

（一）全球民用飞机需求预测

2017 年，波音、空客公司对未来 20 年全球民用飞机市场情况进行了预测。

波音公司预测未来 20 年（2017—2036 年），全球需要 46950 架新飞机，总价值 6.05 万亿美元，大概有 37% 的新飞机投放至亚洲地区，22% 投放至北美地区，17% 投放至欧洲，剩余 24% 投放至中东、拉丁美洲、独联体、非洲等。

空客公司预测未来 20 年，全球航空客运量年均增长率为 4.4%，需要新增超过 34900 架 100 座级以上飞机，总价值约 5.3 万亿美元。到 2036 年，全球客货机总数将由现在的 20500 架增长至 42530 架，增幅达到一倍。未来 20 年，大约有 12870 架老旧客货飞机将由燃油经济性更高的新飞机替代。下表列举了波音、空客对未来 20 年新增飞机需求量的预测。

表 27 – 1　波音公司对 2017—2036 年全球新增飞机预测

飞机类型	新飞机需求量（架）	价值（万亿美元）
支线喷气飞机	2600	0.11
单通道飞机	32190	3.18
小型宽体机	5710	1.34
中型宽体机	3420	1.16
大型宽体机	3030	0.26
合计	46950	6.05

资料来源：波音公司官网，2018 年 2 月。

表 27 - 2　空客公司对 2017—2036 年全球新增飞机预测

机型分类	新飞机需求量（架）	价值（万亿美元）
单通道飞机	24810	2.44
双通道飞机	8690	2.33
超大飞机	1410	0.53
合计	34900	5.3

资料来源：空中客车公司官网，2018 年 2 月。

波音和空客分别对全球每个区域的新飞机交付量进行预测，均认为包括中国在内的亚洲市场将继续引领未来 20 年全球的飞机交付总量。

表 27 - 3　各地区新飞机交付（2017—2036 年）

区域	新飞机需求量（架）	价值（万亿美元）
亚太	17520	2.5
北美	10130	1.04
欧洲	8160	1.11
中东	3900	0.73
拉美	3660	0.35
独联体	1980	0.14
非洲	1600	0.18
合计	46960	6.05

资料来源：波音公司官网，2018 年 2 月。

表 27 - 4　各地区新飞机交付（2017—2036 年）　　　　单位：架

区域	新飞机需求量（2017—2026 年）	新飞机需求量（2027—2036 年）
亚太	6140	8140
北美	2360	3260
欧洲	2640	4180
中东	1260	1270
拉美	940	1730
独联体	340	860
非洲	350	700
货运	410	320
合计	14440	20460

资料来源：空中客车公司官网，2018 年 2 月。

（二）全球航空客运市场预测

国际航空运输协会（IATA，以下简称"国际航协"）发布最新旅客增长预期指出，2036年客运总量将增加至78亿人次，是2017年（40亿人次）的近两倍，客运需求年均复合增长率将达到3.6%。亚太地区将成为全球航空客运的最大市场，根据预测，中国将在2022年超过美国成为全球最大的航空市场。相比2017年，2036年亚太地区出境、入境和区域内航线每年将新增21亿旅客，年均增长率为4.6%，到2036年客运量为35亿人次。

国际航协发现，就每年新增旅客而言，旅客数量增长最快的五个市场分别为中国（客运总量15亿人次，其中新增旅客9.21亿人次）、美国（客运总量11亿人次，其中新增旅客4.01亿人次）、印度（客运总量4.78亿人次，其中新增旅客3.37亿人次）、印度尼西亚（客运总量3.55亿人次，其中新增旅客2.35亿人次）和土耳其（客运总量19.6亿人次，其中新增旅客1.19亿人次）。

国际航协对亚太地区、北美地区、欧洲、拉丁美洲、中东地区和非洲地区未来20年的旅客数量进行了预测，预测结果见表27-5。

表27-5　国际航协对全球各大地区旅客数量预测

地区	预测结果
亚太地区	到2036年，每年新增客运量将达到21亿人次，整体市场规模达35亿人次。其客运需求年均增长率为4.6%，是继非洲和中东后增幅第三大的市场。
北美地区	客运需求年均增长率达到2.3%。到2036年，该地区将承载12亿名旅客，每年新增旅客达4.52亿人次。
欧洲	增幅最缓，仅为2.3%，但每年新增旅客仍可达到5.5亿人次。整个市场的客运总量将达到15亿人次。
拉丁美洲	增幅将达4.2%，共计可为7.57亿名旅客提供服务。与目前水平相比，该市场每年新增旅客达4.21亿人次。
中东地区	增幅达5.0%。到2036年，飞抵、飞离和区域内各航线的新增旅客预计将达3.22亿人次。客运总量达到5.17亿人次。
非洲地区	增幅最快，达到5.9%。到2036年该地区每年新增旅客达2.74亿人次，客运总量为4亿人次。

资料来源：IATA官网，2018年2月。

（三）全球公务航空市场预测

霍尼韦尔发布的第 26 期全球公务航空展望报告预测，2017 年至 2027 年间，全球将交付多达 8300 架新公务机，总价值 2490 亿美元，较 2016 年的预测价值下降了 2%—3%。交付的新公务机中，北美占比 61%、拉丁美洲占比 15%、欧洲占比 14%、中东非洲占比 4%、亚太地区占比 6%。

2017 年，全球新公务机交付量约为 620—640 架，较上年同期约减少 30 架。未来五年内，运营商计划采购的新飞机数量相当于现有机队数量的 19%，相较 2016 年报告的预测数字下降 8%。其中 2018 年底前预计将完成 19% 的新公务机采购计划，2019 年和 2020 年完成的采购计划分别占 17% 和 14%。目前，市场仍然青睐大型公务机，包括从超中型、超长航程公务机到大型公务客机。预计未来五年内，大型公务机将占据 85% 以上的新购机支出。

虽然短期市场预期相对平淡，但放眼至 2027 年的长期市场，新机型的推出以及经济发展状况的持续改善将推动行业发展，从而实现 3%—4% 的年均增长率。目前增长缓慢的原因主要在于油价上涨、经济增长低迷以及政治与货币不稳定性等因素突出，降低了整体的预期。

据《航空周刊》"2016 年度市场总结报告"预测，全球现役机队的飞机数量预计将从 2016 年的 31000 架增加到 2025 年的 38000 架。全球公务机交付量将在 2021 年达到 1400 架峰值，随后又逐渐下降至 2025 年的 1200 架。交付的飞机包括公务机、涡轮螺旋桨飞机、用作公务机的支线飞机和商用飞机。

《航空周刊》"2016 年度市场总结报告"对全球报废公务机的原因和类型进行了分析。报废的主要原因是噪声法规实施导致运维成本增加。在退役的飞机中，涡桨飞机占 49%，其次是轻型飞机和大机舱飞机。退役公务机的数量由高到低依次为：空中国王 90、空中国王 200/250、Turbo Commander、奖章 II 和里尔 35/36。

（四）全球无人机市场预测

前瞻研究院指出，2016 年全球无人机产量约 215.22 万架，市场规模 45.05 亿美元。2017 年，全球无人机的产量预计为 299.14 万架，同比增加 39.0%，市场收入预计将超过 60 亿美元，同比增加 34.3%。2018 年，全球无人机市场销售收入预计将突破 80 亿美元，保守估计到 2025 年，行业市场规模将超过 700 亿美元。未来十年，无人机行业将处于高速发展时期。

IDC 预测，全球无人机支出将在 2018 年达到 90 亿美元，而且预计将以比整个市场更快的速度增长，5 年内的年复合增长率可达 29.8%。在整个预测期内，超过一半的无人机支出将由企业无人机解决方案提供，另一半来自消费级无人机解决方案。企业无人机将增加其在总开支中的份额，5 年内的年复合增长率为 36.6%。2018 年，公共事业设备和建筑行业将提供最大的无人机支出，分别为 9.12 亿美元和 8.24 亿美元，其次是流程制造和离散制造业。无人机支出增长最快的将是教育行业和州/地方政府，年复合增长率分别为74.1% 和 70.5%。

二、国内航空行业预测

（一）我国民用飞机市场预测

2017 年波音公司发布的中国民机市场预测认为，中国的经济正向基于服务和消费经济类型转变，尽管总体经济增长放缓，但服务和消费仍会快速增长。2017—2036 的 20 年间，中国将需要超过 7240 架的新飞机，其总价值为1.085 万亿美元。与此同时，中国民航机队规模在未来 20 年将扩大到近 2.5倍，从 2016 年的 3190 架增至 2036 年的约 8000 架。波音预测中国未来 20 年将订购多达 5420 架的单通道飞机以满足不断增长的需求并替换退役飞机，这主要是受到了快速发展的新兴航空公司与低成本航空公司的推动。波音表示，中国的航空公司在今后 20 年内将需要超过 1670 架宽体客机。

表 27-6　波音对中国民用航空市场新飞机需求预测（2017—2036 年）

机型	数量（架）	比例
喷气支线机	150	2%
单通道飞机	5420	75%
小型宽体机	940	13%
中型宽体机	550	8%
大型及超大型宽体机	180	2%
合计	7240	100%

资料来源：波音公司官网，2018 年 2 月。

（二）我国航空客运市场预测

国际航协预测，未来20年中国客运总量将达15亿人次，新增旅客9.21亿人次，预计在2022年前后（相比上年预测提前2年达到），中国将取代美国成为全球最大的航空市场（根据飞抵、飞离该国及其国内客运量计算）。从航空客运周转量（收入客公里）来看，2027年，中国国内航空客运周转量将超过美国国内客运周转量，跃居全球首位。在未来20年时间里，中国国内航空客运周转量年平均增长率将达7.1%。到2033年，中国国内航空市场将占同期全球航空客运量（收入客公里）的11.9%。

（三）我国无人机市场预测

2016年，国内民用无人机产业迎来爆发式增长，产品销售规模超过150亿元，生产企业350家，销量220万台，同比增长264%。根据2017年工信部发布的《关于促进和规范民用无人机制造业的指导意见》预测，到2020年，我国民用无人机产值将达到600亿元，年均增速40%以上。到2025年，我国民用无人机产值将达到1800亿元，年均增速25%以上。

根据赛迪顾问《2016中国无人机产业演进及投资价值研究》预测，我国民用无人机各细分应用领域的未来市场规模为：公安消防领域无人机总市场规模60亿元，农林植保领域无人机年市场规模150亿元，电力/石油巡线领域无人机年市场规模10.4亿元。

第四节　船舶行业预测

一、全球船舶行业预测

2018年，全球经济发展将趋于稳健，航运市场有望稳中向好。国际海运需求略有增长，老旧船舶不断淘汰，过剩运力将进一步消化和吸收，新船市场有望继续保持活跃。预计2018年全球新船成交量在7000万—7500万载重吨，海洋工程装备成交量约130亿美元，新船价格有小幅上涨的可能。大型船舶成交量将在2018年有所回落，部分中小型船舶成交将会活跃，豪华邮轮、汽车运输船、客滚船等少数特种船市场仍然值得关注。全球油气开发将继续回暖，市场热点仍将集中在浮式生产平台、海上风电场建设运维装备以及 LNG 相关装备等领域。2018 年，国际经贸发展预期稳健，散货船和集装箱船航运市场有望进一步趋稳向好，对造船市场的回升持续发挥积极作用；但油运市场面临一定下行风险，新船需求或将回落。

全球经济和海运贸易方面。在经历 2008 年国际金融危机以来的漫长调整期后，2017 年，世界经济终于迎来久违的增长提速。2018 年，看涨全球经济已成为普遍共识，其中 IMF 和世界银行在 1 月初发布的《全球经济展望报告》中，均再度上调世界经济增长预期。从国际贸易看，随着全球经济发展趋于稳健，大宗商品贸易将迎来生机，特别是中国"引擎"作用持续突出，"一带一路"倡议、供给侧结构性改革以及"煤改气"等一系列环保政策的推进，将为全球干散货、集装箱以及油气等主要货种的海运贸易发展注入源源不断的动力。预计 2018 年，全球海运量增速有望保持 3.6% 的中速水平。但是，国际政治形势波谲云诡，贸易保护主义情绪仍需警惕，国际经贸发展前景仍面临诸多风险，或将对全球海运量的发展带来一定的不确定性。

全球航运市场方面。航运市场总体有望趋稳向好，少数船型市场仍有下行风险。随着船厂手持订单规模缩小，2018 年全球新船交付量将明显减少，再加上老旧船舶的持续淘汰，全球船队运力增长速度有望降至 3% 左右，持续低于海运量增速，航运业供需离差有望进一步收窄，市场基本面有望趋好。从主要船型市场看，干散货航运市场和集运市场的运力供需关系将持续改善，市场基本面将得到夯实；但是，油运市场和液化气海运市场方面，运力过剩问题仍将十分突出，短期市场依旧承压。

全球新船市场需求方面。新船需求或稳中有升，散货船、箱船等船型市场值得期待。随着航运市场进一步趋好，船东经营状况将稳步改善，新船投资能力将得到加强；同时，造船企业仍将推行积极的营销策略，刺激船东投资订船；此外，压载水公约、Tier III 等环保规定的实施也将利好造船市场。预计 2018 年，全球造船市场新船成交量有望达到 7500 万载重吨左右。从细分船型市场看，散货船市场将较为活跃，但 VLOC 需求将随着淡水河谷运输协议的尽授而回落；油船方面，仅中小型成品油船需求相对可观，大型油船市场或将下行；箱船方面，除超大型集装箱船外，其他型箱船市场将不同程度提振；另外，液化气船、豪华邮轮、汽车运输船、客滚船等少数特种船市场仍然值得关注。

新船价格方面。新船价格存在小幅上涨可能，但市场订单竞争压力有增无减。未来短期内，钢材等原材料价格上涨将对造船成本构成刚性支撑，再加上过去两年已有许多造船企业被迫退出造船市场，造船业的供需平衡得到一定程度改善，未来国际新船价格将存在小幅上涨空间，部分高技术高附加值船舶与市场热点船型价格有望出现较为明显的回涨。不过值得注意的是，近期韩国三大船企发布了2018年的接单目标，均较2017年接单目标和实际接单额出现大幅提升，在整个造船市场短期新船需求难以显著增长的背景下，未来韩国企业势必持续推行低船价等激进的营销策略，吸引船东订船，原油船等部分市场的订单争夺将日趋白热化，相关船型新船价格恐将回升乏力，而这一趋势甚至或将蔓延到其他船型领域。

二、国内船舶行业预测

预计2018年，我国船舶工业主要经济指标将保持低位徘徊，造船完工量或将有所下降，新接订单比2017年或有提高，年底手持订单约8000万载重吨。总体来说，现阶段我国船舶工业正处于市场缓慢恢复、技术稳定发展的阶段，但受船市低迷、订单萎缩、运力过剩等因素影响，我国船舶工业表现出市场风险加大以及结构性产能相对过剩的矛盾。受全球市场波动的影响，我国船企经营风险进一步加大，生产任务和产能结构调整的不确定性逐步提高。全球造船市场虽在缓慢复苏过程中，但风险因素依然存在，船市仍有可能面临意外的冲击，因此，船舶市场的复苏之路仍将存在诸多挑战和不确定性。

产能结构方面。当前，全球造船市场新船需求有所回升，但2017年成交量与"十二五"和"十一五"期间相比，仍处于较低水平，手持船舶订单规模不断萎缩。尽管我国骨干船企通过多种渠道积极化解过剩产能，取得阶段性成果，但国际造船市场供过于求的矛盾将在未来较长时间内存在。因此，未来一段时间内，我国仍会高度重视去产能工作的重要性、艰巨性和复杂性，坚决遏制以建造高技术船舶为由扩张产能的冲动，坚持走市场化、法治化去产能道路。为积极开拓市场，国内企业可能探索船舶和海工装备制造产业与旅游、渔业、可再生能源、深海空间和矿物资源开发等领域的结合，拓展细分市场主动创造需求，培育新的经济增长点，加快产业结构优化调整。

船舶配套产业方面。国内船舶配套产业发展迅速，2017年在多个领域取得突破，推出了一系列自主品牌配套产品，我国船舶工业自主配套能力得到提升。在动力方面，安庆中船柴油机有限公司推出了自主品牌ACD320双燃料发动机，并获得首批订单；中国船舶重工集团有限公司第七一一研究所与广州柴油机厂股份有限公司推出了自主研发的M23G大功率船用中速天然气发动机。在环保配套设备方面，青岛双瑞海洋环境工程股份有限公司BalClor压载水处理系统获得美国海岸警卫队（USCG）型式认可证书，成为亚洲首家、全球第四家获此证书的船舶压载水处理系统生产厂商，同时其船用低速机高压选择性催化还原技术（SCR）系统通过曼公司的FTA台架试验，并获得市场订单。在通信导航设备方面，北京海兰信数据科技股份有限公司与全球最大的油运公司NITC签约，为NITC旗下船队47艘船舶提供卫星终端站（VSAT）加装及通信运营服务。此外，国内企业在大型曲轴、螺旋桨、舵机等设备制造方面也不断取得突破。展望2018年，随着市场上新船订单的增多，船舶配套市场状况会有一定改观，但不会迎来根本性的转变，转型升级、多元化发展将是企业未来生存发展的"主旋律"。在细分产品方面，绿色环保装备市场将继续快速发展，废气洗涤器、液化天然气（LNG）动力配套产品、压载水处理系统、SCR以及监控、报告、验证（MRV）系统等市场前景广阔。同时，智能化成为船舶行业未来发展方向，船舶配套的智能化也将是大势所趋，智能发动机、智能识别系统、卫星通信导航等智能配套产品将成为市场研发的热点。

第二十八章 2018 年中国装备工业发展形势展望

2017 年，在一系列产业发展政策刺激下，我国装备工业经济运行总体平稳。展望 2018 年，既有国内供给侧结构性改革政策效应逐步显现、经济增长平稳等积极因素，也有国内外需求持续低迷、企业面临的困难超出预期等不利因素，但总体上我国装备工业发展机遇大于挑战，将呈现新的发展形态和趋势，智能制造、机器人、增材制造、通用航空等将成为新的增长亮点。

第一节 整体展望

一、生产出口保持较快增长

2017 年以来，受多国宽松货币政策支撑及新兴经济体和发展中国家经济复苏增长影响，全球经济增长加速势头持续，国际货币基金组织两次调高对世界经济预期。在《中国制造 2025》、"一带一路"等战略持续推进下，我国装备工业经济运行总体稳中向好，主要指标增长超过预期。1—10 月，规模以上装备制造企业工业增加值同比增长 11.5%，增速高于同期全国工业 4.8 个百分点；预计全年装备工业增速将继续保持稳中向好的态势，全年增加值增速将保持在 11.5% 左右。出口方面，1—8 月，装备工业出口交货值增速同比增长 8.8%。预计全年出口形势仍然乐观，出口交货值累计同比增长 9% 左右。

预计 2018 年，全球经济进入新一轮复苏和增长周期，形势依然复杂，但积极因素越来越多。党的十九大报告提出，我国经济已由高速增长阶段转向高质量发展阶段，必须把发展经济的着力点放在实体经济上，加快建设制造强国，加快发展先进制造业。在各项战略实施、需求持续升级及重点工程加快建设的带动下，2018年我国装备工业将加快发展，工业增加值同比增速继续稳中有进，全年有望保持在11%左右。出口方面，2018年中国因素在世界经济增长中日益重要，我国国际产能和装备制造合作得到普遍认同，装备产品出口有望保持稳步增长，预计2018年全年出口交货值累计增幅在9%左右。

二、核心装备供给能力稳步提高

在智能制造综合标准化与新模式应用项目、智能制造试点示范专项行动的带动下，高档数控机床、工业机器人、增材制造装备等智能制造关键技术装备取得一系列重要突破，例如，大族激光突破了三维五轴联动光纤激光切割机床，宁夏共享研制出大尺寸高效砂型3D打印机，秦川机床、苏州绿的突破了高精密RV减速器、谐波减速器等机器人关键零部件。同时，一批智能制造成套装备也研制成功，例如，青岛四方突破了高铁转向架智能化焊接及检测组装成套装备，埃夫特、奇瑞汽车合作研制的汽车焊接自动化生产线打破了国外长达30年的垄断。

展望2018年，随着我国智能制造的全面推进以及智能制造综合标准化与新模式应用项目、智能制造试点示范专项行动的持续实施，智能制造核心技术装备供给能力将稳步提高。同时，随着新一代信息通信技术与制造装备的深度融合，智能制造装备的商业模式将发生重大变革，服务化的发展趋势日益显著。例如，沈阳机床应用i5智能控制系统将机床变成智能数据终端，探索发展"共享机床"模式，打造区域工业服务共享平台，成为转型升级的全新破题点。

三、智能制造装备加速发展

2017年以来，随着供给侧结构性改革的深入推进、《智能制造发展规划（2016—2020年）》等发布，以及智能制造试点示范专项行动的继续实施，各行业智能制造呈现加速发展态势，核心技术不断得到突破。同时，一批智能制造成套装备也研制成功在互联网、云计算等信息技术，以及传感技术、控制技术高速发展的协同作用下，智能制造以大规模个性化定制、网络协同开发、在线监测、远程诊断与云服务等为代表的新业态、新模式快速发展。此外，工业机器人、服务机器人、新型传感器、智能仪器仪表与控制系统、可穿戴设备、智能电网等智能装备和产品的应用不断拓展，需求规模呈快速扩大的态势。

预计 2018 年，在党的十九大报告提出的推动互联网、大数据、人工智能和实体经济深度融合，在中高端消费、创新引领、绿色低碳、共享经济、现代供应链、人力资本服务等领域培育新增长点、形成新动能的发展要求指引下，各项产业政策将智能制造提高到新的高度，各领域智能制造推进路线进一步明确，不同的行业、企业将加快推动新一代信息通信技术、智能制造关键技术装备、核心工业软件等与企业生产工艺、管理流程的深入融合，推动制造和商业模式持续创新，智能制造新模式将加速推广应用。

四、高端装备持续创新发展

2017 年，在国家一系列产业政策的推动下，高端装备制造业的发展取得明显成效。如国产大飞机 C919 成功首飞，世界最大的散货船 40 万吨超大型矿砂船（VLOC）顺利出坞，"墨子号"量子卫星在国际上率先成功实现千公里级星地双向量子纠缠分发。党的十九大报告提出，要加快发展先进制造业，促进我国产业迈向全球价值链中高端，培育若干世界级先进制造业集群。这为我国高端装备创新发展，着力突破大型飞机、航空发动机及燃气轮机、民用航天、先进轨道交通装备、节能与新能源汽车、海洋工程装备及高技术船舶、智能电网成套装备、高档数控机床、核电装备、高性能医疗器械、先进农机装备等一批高端装备，提高产业创新发展能力和国际竞争力指明了方向。

预计 2018 年，除了政策长期利好外，高端装备制造所面临的市场需求将进一步释放，一方面，国内制造业转型升级和国产化替代加快推进，一批重大装备得到工程化、产业化应用；另一方面，国外对中国装备和品牌的认同不断增强，高铁、核电、卫星应用等高端装备将继续作为中国装备制造业"新名片"享誉世界。高端装备创新发展成为未来制造业发展的主要趋势越发明显，以产业化应用为目标的高端装备创新发展加快推进，一批标志性、带动性强的重点产品和重大装备将加快布局，自主设计水平和系统集成能力、核心部件研制技术水平逐步提升，产业创新能力和竞争能力不断增强。

第二节　子行业展望

一、汽车

（一）新能源汽车将继续保持高速增长态势

预计 2018 年，我国新能源汽车将从市场培育期进入快速成长期，受环境保护力度加大、限行限购城市进一步扩容、"双积分"政策落地推行等因素影响，我国新能源汽车产销量将呈现高速增长态势。"双积分"正式方案的落地、部分车企提出禁售燃油车时间表等政策及做法，进一步明确了我国推动车企向新能源转型的决心，主流车企纷纷加大了新能源汽车的投入和投放；此外，合资厂商、外资厂商在国内新能源汽车市场的投资也更加活跃，这有助于提升新能源汽车的整体品质，带动行业规模成长。预计 2018 年全年我国新能源汽车产销量增幅 47%，产销量达 110 万辆左右，其中，新能源乘用车市场将进一步扩容，销量有望突破 50 万辆。此外，2017 年 1—9 月新能源专用车累计产量约 4.5 万辆，同比增长约 3.7 倍。随着产业政策的逐步落地，新能源专用车型被纳入补贴目录，以及物流车等电动化替换行动的启动，新能源专用车未来有望进入高速成长期。

（二）全球汽车智能化、电子化趋势显著加速

目前，随着汽车智能化进程的加快，自动驾驶、车联网、人工智能等技术已经逐步进入市场导入前期，在新技术驱动下，汽车电子系统成本在汽车整车中的占比将大幅提高。以 ADAS 在智能网联汽车领域的应用过程为例，ADAS 目前整体尚处于市场导入期，在全球整车市场的渗透率低于 10%，欧美地区市场接近 8%，新兴国家市场则仅为 2%，仍有很大提升空间。据测

算，未来全球 ADAS 产品在汽车整车领域的渗透率将继续快速提升，预计 2022 年全球新车 ADAS 渗透率将达到 50%。

二、机械

（一）行业运行保持平稳态势

2018 年，随着《中国制造 2025》各项工作的深入推进，"智能制造""强基工程""增强制造业核心竞争力""重大短板装备工程"等专项以及技术改造升级工程相继实施，对机械工业的发展和经济运行形成积极带动作用，机械工业有望保持平稳运行态势，但增速预计会低于上年。工业增加值、主营业务收入、实现利润增速在 7% 左右，同时还继续存在发展不平衡不充分的问题，转型升级的任务依然繁重。2018 年世界经济虽然有望继续复苏，但不确定性因素始终存在，发达国家"再工业化"和发展中国家工业化进程加快对我国外贸出口市场造成双重挤压。在此形势下，机械工业对外贸易与合作都面临着更为复杂多变的形势。

（二）进出口继续保持正增长

从国际看，世界经济仍没有走出弱增长的调整期，深层次结构性矛盾仍没有有效解决，保护主义升温，"逆全球化"思潮抬头，贸易摩擦加剧。从国内看，劳动力等综合成本不断上涨，我国传统竞争优势弱化，劳动密集型产业向外转移已成趋势。2018 年，预计机械工业进出口贸易适度增长，增速将低于 2017 年。

三、航空

（一）航空业发展将持续向好

受益于经济发展强劲、"一带一路"建设的深入推进，以中国为首的亚太地区是近年全球航空业表现最好的市场。虽然受国际油价上涨、采购预算减少等不利因素的影响，中国航空市场未来还将一直保持向好趋势。根据国际航协的最新预测，预计在 2022 年前后，中国将取代美国成为全球最大的航空市场，相比上一年的预测将提前 2 年实现。

（二）重点项目将取得新进展

C919 大型客机先后于 2017 年 5 月和 12 月完成首飞和第二架首飞后，还将投入 4 架飞机进行测试；ARJ21 支线客机 2017 年获得中国民航局 PC 证、交付第三架机和完成高原试飞等工作后，还将深入推进产业化；新舟 700 支线飞机 2017 年研制工作转入详细设计阶段后，还将开展静力试验机部件交付等工作；AG600 大型水陆两栖飞机 2017 年 12 月和 2018 年 1 月完成首飞和第二次试飞后，还将开展研制试飞和型号合格审定试飞等科目。

（三）个别领域有望实现弯道超车

我国在民用无人机领域，尤其是消费类无人机领域已在全球市场上占据一席之地。大疆公司生产的无人机占据全球市场份额的 70%。未来，公安消防、电力/石油巡线、农林植保、航拍、物流等行业应用类无人机的市场发展前景广阔，我国应利用消费类无人机打下的优势地位，进一步拓展其他应用领域。军用无人机领域，中航工业翼龙Ⅱ无人机和航天科技彩虹—5 无人机在满足国内供给的同时，还将抢占美国、以色列等垄断的国际市场。

（四）国际合作项目将全面展开

面对航空产业国际市场的激烈竞争和全球一体化发展趋势，各国纷纷开展全球采购、本地加工和装配等工作，实现成本最低化、效率最大化以及污染最少化，以此来提升自身竞争力和品牌效益。2017 年众多国际合作项目纷纷启动，未来这些合作项目将全面展开。

在合作交流方面，2017 年 3 月，工信部与法国经济和财政部在北京共同举办中法工业合作圆桌会，中航工业与法国达索代表双方签署中法工业联合创新中心的合作意向备忘录；2017 年 6 月，国家发改委与空客公司签署了《关于进一步推动航空航天合作的谅解备忘录》，明确提出深化航空、拓展直升机、扩展民用航天、追求创新等四个未来十年重点合作方向。

在合作项目实施方面，2017 年 9 月，天津空客 A330 完工中心厂房落成、并实现首架飞机交付，2018 年可达到月产 2 架的稳定生产速率；2017 年，舟山波音 B737 完工交付中心项目已顺利完成落户、签约、核准、奠基等关键环节，计划 2018 年底交付首架飞机，预计生产能力达到每年 100 架。

四、船舶

(一) 散货船市场短期看好

造船市场新船需求短期看好，新船价格有一定回升空间。随着航运市场进一步趋好，船东经营状况将明显趋好，或将持续释放新船投资需求。预计2018年，全球散货船市场仍将活跃，但细分船型市场走势或有所分化，其中，常规好望角型和巴拿马型船仍将保持活跃，灵便型船将成为需求增长点，但VLOC需求将随着淡水河谷运输协议的尽授而回落。从新船价格来看，2018年船板价格大概率将高位波动，持续对船厂造成成本压力；同时，经过市场调整和淘汰，造船产能过剩局面已有所缓解，其中，骨干散货船建造企业短期的生产缺口已得到一定填补，提价意愿较为迫切，预计2018年散货船新船价格将有所回升，但幅度有限。

(二) 原油船需求将回落

造船市场新船需求将有所回落，新船价格回升仍旧乏力。由于内油运市场短期看淡，船东经营与资信状况或受到一定冲击，再加上近年来原油船新船订单已批量释放，2018年市场需求或将有所回落。受市场影响，原油船市场的订单争夺将日趋白热化，从而抑制新船价格的回升；但另一方面，部分船东或将趁机提前释放更新需求，加速推进船队现代化建设，同时，造船市场也可能出现一定规模的投机性订单。此外，北美航线的发展将带动环保型油船的发展，新造船市场及修船改装市场将迎来一定机遇。

(三) 集装箱船市场将有所复苏

集装箱造船市场有望迎来一股暖流，但船价低位仍将是短期常态。经过前两年的调整，集运市场重回上行通道，市场资源得到整合，航商经营状况改善、融资能力增强，已具备一定新船投资条件。与此同时，新巴拿马运河开通，"一带一路"沿线贸易前景广阔，加之压载水公约、Tier III 的执行等环保规定正步步逼近，预计2018年集装箱船的运力新增需求和更新需求均有较大的释放空间。但新船价格方面，由于近两年来大中型箱船订单极度匮乏，相关的造船产能正面临大规模闲置的窘境，因此新订单的出现势必引起船厂的争夺，导致新船价格持续受到压制。

（四）海工装备继续企稳

2017 年，国际原油价格企稳上行为整个油气行业带来期许已久的曙光，油气公司借以走上"脱困"之路，海上油气开发热情在冷灭三年之后有所复燃，海洋工程装备运营市场得以触底企稳；但建造企业在一系列闪转腾挪之后仍难彻底挥除业务萎缩、盈利困难、库存高企等诸多困扰，持续面临生存高压。未来，油价走势并不明朗，海洋工程装备运营市场复苏之路依旧漫长，建造企业仍需调结构、转方向、化库存。

（五）修船业竞争将依然激烈

2017 年，修船产能仍然过剩，市场竞争激烈，修理价格持续走低，使得部分企业经济指标完成情况不理想。2018 年，部分细分航运市场有所复苏，但运力总量过大，运力过剩的矛盾仍然没有得到解决。航运市场供过于求，并且船舶呈年轻化趋势，对修船业带来了不利影响。国内修船产能依旧过剩，竞争将依然激烈，国内各修船厂之间的竞争已不光是价格的竞争，也逐步上升为硬件设施、服务水平、修理能力、综合管理水平的竞争。

后　记

　　《2017—2018 年中国装备工业发展蓝皮书》，全书共计近 16 万字，8 篇 28 章，是在我国转变经济发展方式、行业结构调整和转型升级日渐加速、装备工业"由大变强"的关键时期完成的一本专著。

　　本书由王鹏担任主编。具体章节分工为：左世全和卢月品负责整体统筹蓝皮书的撰写工作，综合篇由机械工业研究室和船舶与海洋工程研究室共同完成；行业篇由机械工业研究室、汽车产业研究室、航空产业研究室和船舶与海洋工程研究室共同完成；区域篇由机械工业研究室、航空产业研究室和汽车产业研究室共同完成；园区篇由机械工业研究室、汽车产业研究室和航空产业研究室共同完成；企业篇由机械工业研究室、汽车产业研究室、航空产业研究室和船舶与海洋工程研究室共同完成；政策篇由汽车产业研究室、智能制造研究室、机械工业研究室、航空产业研究室、汽车产业研究室和船舶与海洋工程研究室共同完成；热点篇由智能制造研究室、机器人产业研究室、汽车产业研究室、航空产业研究室、机械工业研究室和船舶与海洋工程研究室共同完成；展望篇由机械工业研究室、汽车产业研究室、航空产业研究室和船舶与海洋工程研究室共同完成。卢月品对全书进行了统稿和修改完善，左世全对全书进行了审校。工业和信息化部装备工业司主要领导为本书的编撰也提供了大力支持及宝贵的修改完善意见。

　　本书遵循理论与实践紧密结合，从数据和事实出发的原则，运用探索性研究、描述性研究、数量分析与系统总体归纳相结合的科学研究方法，反复斟酌，力求起到对我国装备工业发展成就进行系统记录和研究的作用。